DIVÓRCIO ESPIRITUAL

Debbie Ford

DIVÓRCIO ESPIRITUAL

O Divórcio como Catalisador para uma Vida Extraordinária

Tradução
ADAIL UBIRAJARA SOBRAL
MARIA STELA GONÇALVES

Prefácio de
NEALE DONALD WALSH

EDITORA CULTRIX
São Paulo

Título do original: *Spiritual Divorce*.

Copyright © 2001 Debbie Ford.

Publicado mediante acordo com a HarperCollins Publishers, Inc.

Todos os direitos reservados. Nenhuma parte deste livro pode ser reproduzida ou usada de qualquer forma ou por qualquer meio, eletrônico ou mecânico, inclusive fotocópias, gravações ou sistema de armazenamento em banco de dados, sem permissão por escrito, exceto nos casos de trechos curtos citados em resenhas críticas ou artigos de revistas.

Para todas as crianças do mundo
que passaram pelo sofrimento do divórcio dos pais
e para o meu filho, Beau,
por ser a luz da minha vida.

O primeiro número à esquerda indica a edição, ou reedição, desta obra. A primeira dezena à direita indica o ano em que esta edição, ou reedição, foi publicada.

Edição	Ano
1-2-3-4-5-6-7-8-9-10-11	02-03-04-05-06-07-08-09

Direitos de tradução para o Brasil
adquiridos com exclusividade pela
EDITORA PENSAMENTO-CULTRIX LTDA.
Rua Dr. Mário Vicente, 368 — 04270-000 — São Paulo, SP
Fone: 272-1399 — Fax: 272-4770
E-mail: pensamento@cultrix.com.br
http://www.pensamento-cultrix.com.br
que se reserva a propriedade literária desta tradução.

Impresso em nossas oficinas gráficas.

SUMÁRIO

Apresentação 7

Prefácio 11

Visão panorâmica: Um Momento Sagrado 15

A LEI DA ACEITAÇÃO

Capítulo Um
As Coisas Nem Sempre São o Que Parecem 27

Capítulo Dois
A Ordem Divina 38

A LEI DA ENTREGA

Capítulo Três
O Caminho da Menor Resistência 55

A LEI DA ORIENTAÇÃO DIVINA

Capítulo Quatro
Você Não Está Só 73

A LEI DA RESPONSABILIDADE

Capítulo Cinco
Responsabilidade Emocional 91

Capítulo Seis
Seja Fiel ao Seu Próprio Ser 107

Capítulo Sete
Faça as Pazes Consigo Mesmo 122

A LEI DA ESCOLHA

Capítulo Oito
Coloque-se no Lugar do Outro 143

Capítulo Nove
As Dádivas do Casamento 162

A LEI DO PERDÃO

Capítulo Dez
O Caminho para Deus 181

A LEI DA CRIAÇÃO

Capítulo Onze
Como Restaurar a Sua Luz Divina 201

Capítulo Doze
Uma Vida Extraordinária 212

Agradecimentos 222

APRESENTAÇÃO

O divórcio não existe.
Se aceitarmos a definição de "divórcio", presente em ao menos um dicionário internacional, como *separação total, desunião*, o divórcio não existe.

Não existe separação no universo.

Para a maioria de nós, isso pode parecer a um só tempo uma boa e uma má notícia. A boa notícia é que nunca estamos sós, nem nunca podemos estar. A má notícia é que não podemos nos livrar de pessoa alguma. Não podemos nos separar de ninguém.

Para dizer em sete palavras: *Encerrar um relacionamento é uma coisa impossível.*

A única coisa possível é alterar esse relacionamento.

Talvez esta seja a idéia mais importante a se ter em mente quando se *inicia* um relacionamento. Todos os relacionamentos são eternos. Não está em questão se vamos ter um dado relacionamento, mas que tipo de relacionamento ele será.

O nosso relacionamento com uma pessoa prossegue indefinidamente. Mesmo que jamais voltemos a ver essa pessoa, continuamos a ter um relacionamento com ela. E a *natureza* desse relacionamento afeta de maneira bastante concreta os dias e momentos da nossa vida.

No âmbito da experiência humana, poucos são os relacionamentos de maior impacto do que o chamado casamento. Por esse motivo, são poucos os eventos mais devastadores do que a dissolução de um casamento. Não obstante, a dissolução que pranteamos é algo inventado pela nossa imaginação. Supomos que os casamentos podem ser dissolvidos — mas isso é uma ilusão. Uma vez que o compreendamos, estamos a caminho da recuperação.

Não é possível acabar um casamento. Podemos afirmar que o casamento acabou; podemos dizer um ao outro que acabou; podemos até fazer que funcionários públicos declarem que ele acabou. Mas não podemos acabar com ele. Não é possível encerrar a união de duas almas. Como se pode verificar, ninguém pode separar aquilo que Deus uniu.

Mesmo que se separe materialmente as coisas que foram unidas, cada uma das partes separadas contém parcelas da outra parte da qual foi separada. Dito de outro modo, não nos é possível estar apartados, mas é-nos impossível não ser uma parte.

Quebre dois ovos numa tigela e os misture. Agora tente separar o resultado em dois ovos outra vez.

Isso é impossível.

Os seres humanos são como ovos numa tigela.

Estamos todos misturados.

Quando passamos por um divórcio, a nossa vida pode parecer ter se tornado uma terrível confusão. Parecemos um bonequinho todo arrebentado e podemos ter a sensação de que nunca mais vamos ficar inteiros outra vez. Mas é justo quando saímos da nossa casca que finalmente nos tornamos um todo íntegro.

Este livro trata de como ficar inteiro no exato momento em que julgamos estar despedaçados. É sobre vivenciar o fato de que a nossa vida pode de fato estar pela primeira vez íntegra (no preciso instante em que acreditamos estar ela se fazendo em pedaços). Ele constitui uma jornada fora do comum que vai das trevas do amor que chegou ao fim à luz de um amor que nunca se acaba: o amor por si mesmo, o amor pela vida — o que significa o amor de Deus.

Este livro é um milagre. Ele traz introvisões e esperança a uma situação na qual residem muitas vezes a cegueira e o desespero. Quando magoados, não podemos ver nem cantar ou dançar a jubilosa dança da vida. Este livro aborda a cura da maior mágoa que a vida pode nos trazer: o fim de um sonho, a perda de um amor. Trata do conhecimento de que nunca se tem de perder o amor e do fato de que podemos ter a vida dos nossos sonhos — mas somente quando despertamos.

Debbie Ford fez este milagre ao nos oferecer a sua maior dádiva: a sua própria sinceridade. Ela passou pelo divórcio. Ela suportou o sofrimento disso decorrente. E usou essa sua experiência como um dos mais potentes recursos de aprendizagem de sua vida, mergulhando profundamente na experiência e dela emergindo com a sabedoria intemporal.

Ela partilha conosco aqui essa sabedoria. Agora, a busca pela nossa própria sabedoria pode ser bem mais curta, muito menos árdua, bem menos dolorosa do que poderia vir a ser. Porque a sabedoria de Debbie Ford não é a nossa sabedoria, mas, como um farol na noite escura, pode nos levar à nossa. E, desse modo, voltamos a viver a nossa própria vida.

Este é o prodígio deste livro: ele vai ao final levar você a voltar a viver a sua própria vida.

É com efeito o eu que imaginamos ter perdido num divórcio. Nunca é a outra pessoa. Jamais é o nosso parceiro. Na realidade, nunca é. Aquilo que imaginamos ter perdido é o nosso próprio eu. Na situação do divórcio, todas as nossas idéias acerca do nosso eu ficam confusas. A idéia de que somos amorosos e merecedores de amor. A idéia de que é bom estar em nossa companhia e de que somos uma pessoa com quem ninguém gostaria de deixar de conviver. A idéia de que as opções que fazemos são boas e de que somos excepcionalmente capazes de julgar as pessoas. De que podemos confiar em nosso coração. E a idéia de que o nosso amor, concedido em sua plenitude, no final vence tudo.

O que perdemos no divórcio é a nós mesmos; e é por isso que dói tanto.

Entra agora em cena esta vidente moderna, esta prodigiosa mestra contemporânea, Debbie Ford, a fim de nos devolver a nós mesmos ao nos permitir ver que nunca perdemos, nem jamais podemos perder, aquilo que imaginamos ter perdido: a maravilha de Quem De Fato Somos.

Por meio de um processo passo a passo que explica com extremo cuidado e que deixa bem claro com exemplos advindos de sua própria vida e da experiência de outras pessoas com o divórcio, Debbie realiza a façanha mais portentosa que um mestre pode realizar: ela torna o complexo simples. Transforma o difícil em fácil. Faz o impossível possível.

Quando passei pelo divórcio na minha própria vida, pensei que jamais me seria possível ser feliz outra vez. Estou agora mais feliz do que já fui algum dia — porém, para chegar a isso, tive de fazer o percurso mais longo que se pode imaginar. Quem dera eu tivesse então o mapa traçado por Debbie!

Você dispõe dele.

E como dispõe, pode ver como traduzir uma perda em ganho; pode perceber que na realidade nunca ocorre uma perda, que um relacionamento jamais chega ao fim, mas que o sofrimento decorrente de um relacionamento pode chegar ao fim.

Estas não são dádivas pouco importantes. E é profunda e verdadeira a minha gratidão pessoal a Debbie Ford por ter partilhado o tesouro de sua sabedoria adquirida por experiência própria. Debbie é realmente uma mensageira do amor e da luz que vem no momento em que se tem mais necessidade disso.

Seja você alguém que passa pelo divórcio, que contempla a possibilidade de se divorciar, que vive os eventos decorrentes do divórcio ou que orienta alguém que está numa dessas situações, este livro vai lhe ser útil pelo resto da vida.

Deus a abençoe, Debbie Ford.

Neale Donald Walsh

PREFÁCIO

No curso da minha carreira de 32 anos na vara de família, estive às voltas com centenas de casos de divórcio. Se alguém inventasse uma escala de dor e de sofrimento para avaliar questões legais, o direito de família ocuparia o nível mais elevado. O divórcio enquanto evento traumático vem pouco depois da morte de um cônjuge ou de um filho. Estudos confirmam que os prejuízos decorrentes não atingem apenas os cônjuges em litígio — foram documentados profundos efeitos negativos em crianças sujeitas à aflição do divórcio dos pais.

Tal como ocorre com todas as outras profissões, a advocacia de família tem o seu lado sombrio. Vemos isso nas piadas e historinhas: "Os advogados criminais trabalham com gente má; os de família, com gente louca", e assim por diante. Todo advogado que trabalha com divórcios tem seus casos de partir o coração para contar sobre clientes levados à loucura temporária, à autodestruição e até ao assassinato (um de meus clientes assassinou a mulher e cometeu suicídio depois de uma audiência). Não surpreende que, numa profissão em que a insatisfação e o desespero (assim como o alcoolismo, o abuso de drogas e a depressão clínica) sempre estão na ordem do dia, os advogados da vara de família figurem entre os mais frustrados. A maioria de nós tem uma empatia e uma simpatia genuínas pelos clientes, mas se sente impotente porque, apesar dos melhores esforços que fazemos para ajudá-los, o seu sofrimento e o seu sentimento de perda são intensos.

Apesar dessa situação depressiva, hoje trago uma *boa notícia* aos meus colegas de advocacia e aos seus tão sofredores clientes! O notável novo livro de Debbie Ford vem finalmente oferecer aquilo de que sempre precisamos: um conjunto de exercícios espirituais que permite que o cônjuge em processo de divórcio se torne um alquimista e transforme magicamente o chumbo do divórcio no ouro de uma rica nova vida. Estou convencido, a partir do meu trabalho com muitos clientes, de que o Divórcio Espiritual modifica dramaticamente a pessoa, fazendo que passe de vítima impotente a um potente co-criador de uma realidade cheia de esperança e de possibilidades ilimitadas. Permitam-me apresentar-lhes a evolução do meu pensamento acerca dos aspectos espirituais do divórcio.

Durante boa parte de minha carreira, aceitei a visão prevalecente de que o divórcio é uma perda catastrófica e de que o máximo que podia fazer por meus clientes era tentar amenizar os danos. Tive muitas vezes sucesso em obter para os meus clientes uma parcela bem grande dos bens e regras favoráveis no tocante à guarda dos filhos. Era porém muito freqüente que os clientes se mostrassem pouco entusiasmados com as minhas "vitórias". Isso me deixava perplexo. Eu não me dava conta de que proporcionava uma solução legal para um problema que não era legal. Depois de muito refletir, concluí que os clientes na verdade tinham problemas de relacionamento que tentavam resolver por meio da justiça. Comecei então a desenvolver na vara de família uma atitude mais humanista e menos legalista, uma atitude cujo foco essencial era a reestruturação saudável dos relacionamentos.

Ocorreu-me que poderíamos obter respostas mais satisfatórias se começássemos a fazer outro tipo de perguntas. E se se pudesse ensinar os clientes a ver o divórcio como o começo de uma estimulante vida nova, com relacionamentos mais saudáveis, em vez de um fim? Como se poderia considerar o divórcio antes como um benefício do que como uma perda? E se fosse possível aprender com o relacionamento "fracassado" lições que pudessem ser incorporadas a novos relacionamentos, dando a estes, em conseqüência, maiores condições de ser bem-sucedidos?

As minhas reflexões acerca desses assuntos me levaram a começar a enfatizar, em meus contatos com os clientes, os aspectos positivos do divórcio. Passei a incitar com vigor os clientes a fazer terapia a fim de tratar o seu próprio sofrimento e examinar essas áreas potenciais de evolução pessoal. Na verdade, muitas vezes fazia da terapia um requisito para a minha aceitação de um caso de divórcio. Ou seja, se o cliente não se dispunha a fazer terapia para examinar esses aspectos com receptividade, eu não me dispunha a ser seu advogado no caso de divórcio.

Essa abordagem mostrou ser benéfica. Alguns dos meus clientes obtiveram importantes conquistas em termos emocionais e psicológicos. Mas, para grande número deles, o processo continuava a causar um imenso sofrimento. Tive a sensação de que ainda não estava vendo o problema em sua integralidade. Graças à minha busca contínua de maneiras de reduzir o sofrimento associado com o divórcio e aumentar os seus benefícios terapêuticos para os meus clientes, terminei por perceber que a minha "teoria do relacionamento" ainda se achava distante do fator essencial. Um dia me veio a idéia. O divórcio não é, em sua essência, nem um problema legal nem de relacionamento; em seu nível mais fundamental, o divórcio é um problema espiritual. Embora as soluções legais e em termos de relacionamento sejam importantes, a necessidade vital do cônjuge em processo de divórcio tem caráter espiritual.

À medida que ia me acostumando com esse conceito, comecei a destacar na minha prática legal a espiritualidade. Estudei a obra do doutor Larry Dossey, que documenta o profundo efeito de cura que a oração tem nos pacientes. Passei a rezar fervorosamente tanto com os meus clientes como por eles. Eu dava aos clientes tarefas de casa na área do dar graças para ajudá-los a descobrir tanto as dádivas de seu casamento como de seu divórcio. As "Relações de Graças a Dar" tornaram-se parte importante do meu trabalho com os clientes. Remetê-los a programas e conselheiros espirituais também passou a ser um importante componente desse trabalho. Virou rotina oferecer aos clientes panfletos inspiracionais que abordavam a aceitação. Comecei finalmente a ver clientes passar por períodos de transcendência.

Embora extremamente útil para os clientes, essa abordagem era aleatória e nem um pouco organizada. Admiti ser necessária alguma coisa escrita que proporcionasse princípios e exercícios espirituais que incorporassem os elementos com os quais eu fazia experiências. Por infelicidade, eu não dispunha nem de tempo nem de capacidade para elaborar esse material. Mas vi que a minha atividade profissional se tornava bem mais agradável quando eu seguia essa abordagem com um cliente por vez. Continuei a ansiar por alguma coisa que oferecesse a todos os cônjuges em processo de divórcio o benefício de uma abordagem espiritual. A obra pioneira de Debbie Ford oferece exatamente aquilo que eu desejava.

Debbie Ford não se dirige a nós a partir de conceitos abstratos. Fala de modo pungente sobre o desgaste emocional do seu próprio divórcio — o evento que ela mais temia depois de padecer de modo terrível com o divórcio dos pais. Contudo, passado o sentimento inicial de devastação, Debbie descobriu uma forma de levar ao nível máximo a sua evolução espiritual, bem como de tornar concreta uma vida extraordinária usando como catalisador o próprio divórcio. O relato que ela faz de suas experiências ilustra à perfeição o poder e a integridade de sua abordagem peculiar. É claro que não são novas as verdades universais que ela utiliza. Centenas de livros exaltam o poder da aceitação, da entrega, da orientação divina, do perdão, da gratidão, etc. Mas a combinação e a adaptação que ela faz desses princípios universais para uso no divórcio são criativas e revolucionárias.

Tenho recomendado este livro a todos os meus clientes às voltas com o divórcio. Gostaria de ver exemplares dele na sala de espera de todos os advogados de família. Também gostaria que um dia *Divórcio Espiritual* se tornasse leitura obrigatória no aconselhamento pré-conjugal. Muitos cônjuges fazem opções erradas por temerem o divórcio. Se se pudesse considerar o divórcio como algo a ser evitado se possível, mas também como uma experiência que, caso venha a ocorrer, traz em si grandes bênçãos, muitos cônjuges teriam mais coragem e forças para tomar decisões mais saudáveis.

Encerrarei esta introdução no ponto em que comecei: na profissão de advogado. O livro de Debbie Ford é uma obra de sabedoria, de coragem e de auto-revelação sem concessões. Nós, advogados, temos muito a aprender com a sua abordagem. Na minha concepção ideal do direito de família, os advogados deveriam ser treinados nos conceitos do Divórcio Espiritual, de modo que fosse simplesmente natural recomendar aos clientes esses exercícios. Neste admirável mundo novo da advocacia de família, Debbie Ford será reconhecida como pioneira e visionária.

John V. McShane, Esq.
Dallas, Texas
6 de julho de 2000

— Visão panorâmica —

UM MOMENTO SAGRADO

Uma vida não-examinada não vale a pena ser vivida.
SÓCRATES

Ao final do nosso primeiro ano de casamento, acho que tanto eu como ele sabíamos que não iria durar. Eu vivia em meu mundo e Dan vivia no dele. Tentamos muitas vezes nos unir e curar o nosso relacionamento, mas sempre havia alguma resistência da parte dele ou da minha. Foi então que um dia pedi a Dan para nos sentarmos e discutirmos os nossos problemas. Momentos depois, as emoções contidas de Dan, que vinham se acumulando desde que eu ficara grávida, se soltaram. Fiquei ali, pasma, ouvindo toda a raiva, todo o ressentimento e toda a insatisfação do meu marido. Ele acabou de exprimir a sua verdade, e poucas semanas mais tarde me deixou.

Senti-me como alguém obrigado a participar do segundo ato de uma peça ruim. O terceiro ato estava prestes a começar, e o desfecho poderia seguir dois caminhos: eu poderia escolher a liberdade e dar o casamento por encerrado ou me apegar ao sonho de viver feliz para sempre, até que a morte nos separasse. Eu me via agora despedaçada diante de dois rumos a seguir, e nenhum deles trazia a promessa da felicidade.

Eu havia esperado 38 anos para encontrar a pessoa certa com a qual partilhar a minha vida. Eu prometera a mim mesma que nunca faria aos meus filhos o que os meus pais tinham feito comigo. Eu tinha 13 anos quando a minha mãe contou à minha irmã, ao meu irmão e a mim a notícia devastadora de que meu pai saíra de casa e o casamento deles chegara ao fim. A partida de meu pai deu início ao doloroso processo de aprender a viver sem "uma verdadeira família". Foram-me necessários dez anos de terapia e muitíssimas lágrimas até aceitar a dor que me causara o divórcio de meus pais. Prometi a mim mesma que os meus filhos iriam crescer num lar feliz com um pai e uma mãe que os amavam. Doía-me na alma pensar que agora eu também ia fracassar, e que o meu filho seria produto de um "lar desfeito".

Enquanto eu examinava o meu mundo aos pedaços, as minhas emoções mudavam tanto quanto o tempo lá fora. Num dado momento eu estava calma e esperançosa e, no momento seguinte, deprimida e desesperada. Não havia coisa alguma de que eu não culpasse Dan, e eu estava certa de que ele era o único responsável pelo colapso do nosso casamento. Eu não compreendia por que Dan não podia mudar e ser o homem com quem eu pensara ter casado. Na esteira do meu sofrimento, eu perguntava a mim mesma: *Por que isto está acontecendo? Por que não posso fazer parar de acontecer? E por que estou passando outra vez pelo meu pior pesadelo?*

Fazer essas perguntas que pareciam não ter respostas levou-me ao processo de criar um Divórcio Espiritual. Essas interrogações me forçaram a olhar bem dentro do meu próprio íntimo e a examinar o meu mundo interior. Passei muitas noites de insônia na cama tentando descobrir o que tinha dado errado e como eu conseguira despertar tanta raiva e tanto ressentimento no meu parceiro quando o meu mais profundo desejo era ter um casamento feliz. Como eu pudera ser tão cega? O que me impedira de ver os sinais de angústia que agora pareciam tão claros?

Eu tinha de alguma maneira a consciência de que, se não descobrisse e curasse as partes do meu ser que me haviam impedido de ter um relacionamento amoroso e promotor do crescimento pessoal, estaria fadada a levar uma vida sem um parceiro que me desse amor. Com o passar dos dias, foi ficando cada vez mais evidente que eu podia tanto usar o tempo para me recriminar como fazer a opção de considerar o meu divórcio como um processo espiritual, uma jornada para a totalidade. Era a minha oportunidade de observar, questionar e transformar comportamentos que já não me pareciam ser úteis. Bem no íntimo, eu sabia que só me restava uma escolha: usar o meu divórcio como catalisador para a construção de novos alicerces em que assentar a minha vida. Aprender a respeito de mim mesma, examinar as minhas crenças e dissecar os meus julgamentos passou a ser o centro da minha atenção.

CHAMADOS ESPIRITUAIS A DESPERTAR

A vida nos proporciona muitas oportunidades de despertar para a nossa natureza divina, para a expressão mais elevada do nosso próprio eu. Alguns denominam essas oportunidades de chamados espirituais a despertar. Na maioria das vezes, esses chamados são feitos em meio a períodos de grande aflição. O divórcio é um desses períodos. É no decorrer dessas crises que temos a chance de examinar o nosso mundo interior e dar início ao processo de nos tornar íntimos do nosso eu inteiro, tanto dos nossos aspectos luminosos como dos sombrios.

O sofrimento é o grande agente motivador que põe por terra os muros que mantinham intactos os velhos comportamentos. Ele nos faz chegar a pensamentos e idéias que em outra circunstância descartaríamos, obrigando-nos a procurar respostas em lugares aos quais nunca demos atenção antes. O sofrimento torna a nossa mente receptiva a idéias que trazem em si o segredo de uma nova introvisão, da compreensão, da liberdade. A perturbação emocional pode se tornar um potente catalisador da nossa reconexão com a nossa natureza divina. Ele nos impele a uma jornada de autodescoberta e nos insta a aprender a amar e a aceitar todo o nosso ser. A cura do nosso estado de perturbação emocional nos liberta do sofrimento e nos impede de repetir os padrões do nosso passado.

Afirma-se que se aprende mais com dez dias de agonia do que com dez anos de satisfação. O sofrimento pode ser o nosso melhor mestre — um amigo que lhe indica as partes de seu próprio ser que precisam de atenção. Sri Swami Satchidananda, fundador dos Integral Yoga Institutes, existentes em todo o mundo, explica a dor como um chamado ao despertar. Ele pede que imaginemos que estamos dormindo profundamente quando de súbito somos acordados pelo alarme de incêndio do nosso quarto. Estupefatos, pulamos da cama, corremos para o banheiro e apanhamos um bastão de beisebol. Fazemos o alarme em pedaços até que ele pare de soar. Mas, em vez de procurar o incêndio, pomos o bastão de volta no banheiro, enfiamo-nos de novo na cama e voltamos a dormir.

O sofrimento é um alarme, uma advertência, indicando-nos que algo está em chamas. Se queremos levar uma vida feliz e satisfatória, temos de permanecer despertos e apagar as chamas que nos impedem de ficar imersos num mar de paz interior. O sofrimento é um sinal da existência de um incêndio emocional nas proximidades, de que algo em nosso íntimo precisa de cuidados e de cura. Se aplacarmos o nosso sofrimento, seremos levados de volta a um lugar de paz e tranqüilidade. O sofrimento é uma emoção sagrada que nos permite descobrir quem de fato somos. Ele nos leva a lugares a que jamais iríamos por nossa própria vontade.

Quando sofremos, estamos num momento em que nos é necessário ter uma completa e radical honestidade, porque a honestidade é a única saída para a dor e o sofrimento. Enquanto continuarmos a negar a nossa verdade e a verdade do nosso parceiro, permaneceremos vivendo num sofrimento isolado. Na qualidade de seres humanos, somos mestres na racionalização dos comportamentos, na justificação da ilusão e na manipulação dos fatos com o objetivo de fazer que nos sintamos melhor. Contudo, sejam quais forem as histórias que contarmos a nós mesmos, seja como for que culpemos os outros ou justifiquemos as nossas próprias posições, em algum nível do nosso ser sempre sabemos a verdade. Lembre-se do adágio: "A verdade vos libertará." Dispondo-nos a examinar as histórias que contamos a nós mesmos, permitimo-nos iniciar o processo de transformação.

É bem provável que aprender a amar a totalidade de nós mesmos — o que há de "bom" e o que existe de "não tão bom" — seja a tarefa mais difícil de que somos encarregados. Ensinaram-nos que, para nos sentir amados, precisamos encontrar alguém que nos ame. No entanto, quando esse amor fracassa, não surpreende que voltemos a quaisquer comportamentos automatizados que já tenhamos exibido com relação ao amor e à vida com o objetivo de explicar a nós mesmos esse malogro. O medo, a frustração, a tristeza e a solidão podem vir a ser os nossos companheiros constantes. Pensamentos segundo os quais não somos dignos de amor nem desejáveis se unem às nossas sensações de desvalor enquanto nos empenhamos por conseguir respostas para os "porquês" relativos à nossa situação.

É comum ficarmos deprimidos ou irritados, bem como entabular diálogos interiores nos quais figuram afirmações como "não posso confiar em ninguém", "a vida é horrível" ou "nunca mais vou deixar ninguém fazer isso comigo". Todos os nossos sentimentos negativos e mensagens dolorosas estão embutidos na nossa consciência. Se as deixarmos entregues a si, vamos fazer que essas emoções tóxicas e essas crenças negativas se abatam sobre nós mesmos. Negligenciar as nossas mágoas interiores nos leva a aceitar relacionamentos abusivos, vícios, obsessões, depressões, moléstias crônicas, assim como uma visão negativa de nós mesmos, das outras pessoas e do mundo. E para piorar as coisas, se não aproveitarmos a oportunidade para examinar a nós mesmos e curar a nossa dor, é bem provável que voltemos a repetir os nossos fracassos.

É imperativo usarmos os períodos de dor para promover a cura. A cura é o caminho régio que nos leva de volta a um lugar no qual vemos a perfeição da nossa condição humana. É essa consciência que nos dá a oportunidade de recuperar o vínculo mais profundo que está à disposição de cada um de nós: a ligação com o nosso Criador Divino.

DIVÓRCIO ESPIRITUAL

O Divórcio Espiritual é aquele em que usamos o divórcio para aprimorar a nossa vida e em que a nossa experiência passa de perda a ganho. O Divórcio Espiritual nos devolve à presença do nosso eu mais elevado e cura a cisão entre o nosso ego e a nossa alma. Quando usarmos o nosso divórcio para sanar as feridas, para aprender, para evoluir e para nos desenvolver e nos tornar assim seres humanos mais amorosos e conscientes, teremos de fato passado por uma experiência espiritual e pela libertação da nossa alma. O Divórcio Espiritual faz que, em vez de ficar paralisados em meio ao sofrimento advindo do nosso coração partido, sejamos chamados a nos religar aos aspectos mais elevados do nosso ser. É aí, na presença do nosso eu mais evoluído, que podemos resgatar a nossa força, o nosso júbilo e a liberdade ilimitada de criar a vida dos nossos sonhos.

Se você está passando por um divórcio neste exato momento, isso pode parecer algo inalcançável, uma tarefa impossível. Você pode estar passando pela pior experiência de sua vida e não pode nem mesmo considerar a possibilidade de que o seu divórcio possa vir a ser uma coisa positiva. Pode também sentir-se livre para encerrar de vez o assunto. O sofrimento e a mudança constituem as chaves que abrem a porta para uma compreensão mais profunda da nossa experiência humana. A dor do divórcio derruba as nossas defesas, deixando-nos completamente vulneráveis. E somente nesse estado de total vulnerabilidade podemos nos aquietar o suficiente para vivenciar as realidades mais grandiosas da paz e da satisfação.

AS SETE LEIS ESPIRITUAIS DO DIVÓRCIO

É vital saber que a ruptura do relacionamento tem um propósito maior. Compreender algumas das leis essenciais do Universo ajuda você a descobrir que há um motivo para estar passando por essa aflição. Essas leis lhe servem de orientação na passagem pelo processo de cura e levam você de volta a um lugar, bem no seu íntimo, pleno de sabedoria, de conhecimento e de compaixão pela experiência humana.

1. A Lei da Aceitação: a primeira lei, possivelmente a de maior teor espiritual, é a de que *tudo é como deve ser*. Nada acontece por acaso, e não existem coincidências. Estamos num constante processo de evolução, tenhamos ou não consciência disso. E a nossa vida é projetada divinamente para cada um de nós de modo que obtenhamos exatamente aquilo de que precisamos para alimentar o nosso processo evolutivo sem par.

2. A Lei da Entrega: *quando paramos de resistir e nos entregamos à situação exatamente como ela é, as coisas começam a mudar.* A resistência é o principal culpado por nos negar o nosso direito à cura. Resistimos por temer que, se nos desapegarmos, se nos entregarmos, a nossa vida saia do controle ou nos vejamos diante de situações com as quais não saibamos lidar. Quando nos dispomos a examinar a nossa situação e admitir que sabemos como resolvê-la, estamos prontos a receber o auxílio de que precisamos.

3. A Lei da Orientação Divina: *Deus fará por você aquilo que você não pode fazer sozinho.* Quando renunciamos a fazer as coisas à nossa maneira e baixamos a guarda, tornamo-nos humildes. A humildade é o portal pelo qual o Divino pode entrar em nossa vida. Sem humildade, cremos poder fazer sozinhos o que é preciso. Na ausência da humildade, o nosso falso sentido de orgulho, ou ego, nos impede de ver com clareza a situação como um todo. Nosso ego fica no controle até sairmos da crença rígida de que somos seres independentes e apartados. Enquanto esse mito permanecer intacto, mantemos fechada a porta que leva à nossa sabedoria superior.

4. A Lei da Responsabilidade: *com orientação divina, podemos ver claramente como participamos do drama do nosso divórcio e como colaboramos na criação dele.* Podemos começar a assumir a responsabilidade por toda a nossa situação e a nos reconciliarmos com o nosso passado. Podemos entender que escolhemos o parceiro perfeito para nos ensinar as lições perfeitas. Uma vez que tenhamos pedido a Deus que entre em nossa vida e nos oriente, começamos a nos curar.

5. A Lei da Escolha: *tendo assumido a responsabilidade, podemos escolher novas interpretações que nos tornem mais fortes.* Passamos a ser os responsáveis e os construtores da nossa nova realidade. Podemos nos separar do nosso parceiro e romper os liames kármicos mediante a recuperação dos aspectos de nós mesmos que havíamos projetado nesse parceiro. Podemos discernir quais foram os nossos comportamentos errôneos e aprender a agir, em vez de reagir, em situações difíceis.

6. A Lei do Perdão: *tendo rompido os liames kármicos, poderemos pedir a Deus que nos perdoe.* Pedir perdão nos capacita a deixar de lado os nossos julgamentos e crenças acerca do que é certo e do que é errado e encontrar compaixão pelo nosso ser inteiro. A compaixão se concretiza quando nos vemos na presença da perfeição do Universo, quando podemos vivenciar a nós mesmos em outra pessoa. Ela vem com a grande compreensão das dificuldades e da ambigüidade da condição de ser humano. A compaixão é a graça concedida por Deus àqueles que pedem.

Tendo sido objeto de compaixão, teremos condições de ter compaixão do nosso parceiro, bem como de perdoá-lo.

7. A Lei da Criação: *vivenciar a liberdade que vem do perdão abre as portas para novas realidades*. O perdão rompe todos os vínculos que nos mantêm presos ao passado. Permite-nos ter a experiência de um coração inocente, pleno de amor e de entusiasmo diante da vida. Eis-nos chegados ao momento de criar um novo futuro, um futuro cuja base é a nossa verdade divina.

Essas sete leis espirituais são um guia, servindo como pontos de referência em seu processo de cura. Este livro vai fazer você passar pelos passos da compreensão, da prática e da integração desses princípios espirituais básicos. Eles foram elaborados para ajudar você a vencer a barreira dos seus temores, dissolver a sua dor e compreender o sentido mais profundo de sua situação. Quando integradas e postas em prática, essas leis vão lhe conceder a liberdade de criar a vida com que sempre sonhou.

O livre-arbítrio nos capacita a escolher a direção que vamos seguir em nossa vida. Optar pelo Divórcio Espiritual é escolher usar o divórcio para curar a si mesmo. Você pode optar por se esforçar e curar a si mesmo no nível mais profundo ou por ser uma vítima da vida e dos problemas dos outros. Em outras palavras, você pode preferir usar o seu divórcio ou deixar que o divórcio use você. Até você procurar, encontrar e acolher a dádiva presente em toda situação ou problema, essa situação ou problema continuam a usá-lo. Eles o mantêm prisioneiro e você os leva consigo, como uma ferida aberta, aonde quer que vá.

LIAMES KÁRMICOS

As nossas feridas emocionais ecoam inadvertidamente os nossos sofrimentos passados e agem como guias que nos levam aos pontos do nosso próprio eu que necessitam de cura. Elas podem nos levar a ressoar com pessoas que têm problemas emocionais não-resolvidos semelhantes ou parecidos. Ligam-nos a essas pessoas conectores energéticos que concebo como liames kármicos. Há aqui em ação um sentido de destino: esses liames kármicos — liames do destino — trazem para a nossa vida pessoas feitas sob medida para nos proporcionar as experiências espirituais de que precisamos para completar o nosso próprio ser.

Esses liames agem como ondas de rádio, atraindo do mundo exterior todas as experiências necessárias à cura das nossas feridas interiores. Enquanto não recebermos as informações e lições codificadas nessas feridas, não avançaremos. Os relacionamentos kármicos existem para aprendermos, para nos desenvolvermos e evoluirmos até alcançar a manifestação mais elevada do nosso próprio potencial. A nossa alma sabe quem somos em nosso nível mais elevado, e mesmo que, no nível do eu consciente, possamos não compreender por que alguma coisa está acontecendo, a alma tem aguda consciência das experiências de que precisamos.

Ainda que você tenha sido enganado, prejudicado, iludido ou maltratado, nenhuma situação com que você se depara na sua vida é casual. Toda situação se manifesta para levá-lo a passar ao próximo nível de consciência. Sua tarefa é se dar conta da verdade disso e descobrir a contribuição que cada evento pode dar à sua vida. Há vários passos a dar para chegar a esta verdade. Este livro vai apoiar você em todos os estágios necessários para chegar a um lugar de profunda cura e de gratidão por sua vida.

Evoluímos e nos curamos quando examinamos cada evento e descobrimos a dádiva que traz. Tendo-o feito, somos capazes de usar a nossa experiência para dar uma contribuição aos outros e a nós mesmos. Se acredita, como eu, que não existem acasos e que tudo acontece tal como deve acontecer, você pode supor que a ruptura do seu casamento ocorreu em última análise para o seu maior bem. Permita-me repeti-lo: *a ruptura do seu casamento ocorreu para o seu maior bem.* Sei que, neste momento, esse conceito pode soar abusivo e até deixá-lo irritado. Mas prometo que, assim que você examinar a sua vida dessa perspectiva, as coisas vão começar a mudar. É de fato uma mudança de porte compreender que a vida é seu mestre e que, a todo instante, o Universo está guiando você para a realização do seu eu mais elevado.

Tendo você passado pela experiência de ser abençoado pelo seu divórcio, as suas feridas abertas começam a ser curadas e o seu coração fechado começa a se abrir. A transformação é a evolução natural da descoberta da dádiva trazida por uma experiência negativa, do ato de ver a luz nas trevas. Quando você descobre essa valiosa lição, a excitação da vida começa aos poucos a se tornar manifesta outra vez. Ocorre então uma verdadeira mágica quando você começa a se tornar receptiva a novos universos, a ver oportunidades que não podia ter visto antes. O divórcio vem a se configurar como um momento sagrado quando você faz a opção de usá-lo como catalisador para uma vida extraordinária.

Este livro trata da passagem pela experiência de um despertar espiritual, por uma mutação, pela religação entre o coração e a alma. Seja o seu problema um coração partido ou sonhos desfeitos, esse processo vai capacitá-lo a ver a vida por meio dos olhos de Deus.

PASSOS DA AÇÃO DE CURA

1. Escolha um diário que lhe agradar e dedique-o ao propósito exclusivo de ajudá-lo a curar-se e a evoluir por meio do seu divórcio. Use-o à vontade e freqüentemente para exprimir quaisquer sentimentos, pensamentos ou introvisões que lhe ocorrerem. Mantenha o diário perto de você para usá-lo durante a prática desses exercícios.

2. Respire funda e vagarosamente, deixando que o seu corpo e a sua mente relaxem por completo. Dedique esse tempo à promoção de sua cura e do seu bem-estar. Feche os olhos e permita que o foco de sua atenção seja a área do coração. Agora imagine como seria usar o seu divórcio como jornada espiritual. Considere por um instante que os sentimentos e as circunstâncias que cercam esse evento existem para despertar você. Declare que o processo pelo qual você vai passar a partir de agora é divino, projetado divinamente para produzir uma mudança positiva em sua vida. Ao fazer este exercício, você poderá descobrir que o que aflora em você é a raiva, a irritação ou a resistência a reconhecer o seu divórcio como jornada espiritual. Confie no fato de que tudo o que emergir é perfeito e apropriado. Quando estiver pronto, abra aos poucos os olhos e escreva sem restrições em seu diário os seus sentimentos, os seus pensamentos e as suas introvisões.

A LEI DA
ACEITAÇÃO

Capítulo Um

AS COISAS NEM SEMPRE SÃO O QUE PARECEM

Nas profundezas do inverno, acabei aprendendo que no meu íntimo há verão invencível.

ALBERT CAMUS, *SUMMER* (1954)

A orientação divina assenta os alicerces que nos dão o apoio e a compreensão que nos são necessários para começar a praticar a Lei da Aceitação. A aceitação é o ingrediente essencial que nos capacita a iniciar o processo de cura. Só podemos aceitar uma dada situação quando estamos prontos a examinar sem temor os fatos das nossas circunstâncias. Não podemos curar o que não podemos ver nem o que não podemos sentir. É porém muito comum que os sofrimentos do passado e o medo do futuro nos mantenham paralisados e incapazes de ver a nossa vida como um todo. A nossa visão deturpada nos impede de estar no presente e de nos tornar receptivos a níveis superiores de percepção. "Só quando temos a coragem de encarar as coisas exatamente como são, sem nenhum auto-engano nem ilusão", afirma o I Ching, "advém dos eventos uma luz que permite identificar o caminho que leva ao sucesso."

A aceitação vem quando saímos da negação e do julgamento e nos dispomos a ver o presente da exata maneira como se afigura agora, sem dramas nem tramas. O drama nos mantém presos a uma espiral interminável de desculpas que nos impedem de distinguir fatos de fantasias. O nosso drama atua como mecanismo de defesa criado para nos proteger do sofrimento do passado. Quando ficamos presos nas malhas do nosso drama, deixamos de viver o momento presente e, em vez disso, vemo-nos prisioneiros de todas as experiências passadas semelhantes que não foram curadas. Julgamos estar respondendo aos desafios da vida quando na realidade reagimos a todo o nosso sofrimento não-resolvido.

Temos de nos dar conta de que o que ocorre agora nos chama a curar o que aconteceu conosco no passado. Para nos libertar das restrições da nossa história, temos de distinguir o real do irreal. O que vem do passado e o que ocorre agora? O que é o sofrimento atual e o que é o sofrimento não-resolvido do passado?

O drama da nossa história não nos deixa ver com clareza os fatos da nossa vida. O nosso drama é sempre pessoal. Seu tema é "algo está acontecendo comigo". Podemos sempre fazer a nossa história remontar a algum problema oculto que nos acompanha desde a infância. Por exemplo: "não sou digno de amor", "não posso confiar nos homens", "não conto com as pessoas quando preciso delas", "o amor não dura". A nossa história se acha invariavelmente envolta pela idéia de que "a vida está fazendo isto comigo".

Um aspecto vital da nossa cura é aprender a separar os fatos da ficção. Um fato é uma observação não tendenciosa dos eventos da nossa vida. Ficção é a história que criamos a partir das nossas emoções não-resolvidas do passado; ela raramente se baseia nos fatos. Eis alguns exemplos que podem ajudar você a diferenciar fato de ficção:

"Minha mulher me deixou" (fato) *versus* "Minha mulher me deixou porque não sou digno de amor" (ficção).

"Meu marido esvaziou nossa conta corrente" (fato) *versus* "Meu marido me enganou e arruinou a minha vida para sempre" (ficção).

"Meu filho teve uma crise emocional na escola" (fato) *versus* "Meu filho foi irrecuperavelmente prejudicado pela minha separação" (ficção).

Distinguir os fatos da nossa vida da ficção assenta as bases para a aceitação.

Quando Dan e eu nos separamos, vi-me tomada pelo medo e assumi uma postura claramente dramática. Eu tinha certeza de que a minha vida se acabara e de que o meu filho teria os mesmos problemas emocionais que eu tivera como filha de pais divorciados. Depois de semanas durante as quais me torturei, decidi registrar por escrito o que exatamente estava acontecendo na minha vida — sem os efeitos dramáticos. Minha relação foi mais ou menos a seguinte:

1. Não tenho reservas financeiras pessoais.
2. Meu marido não quer continuar a terapia.
3. Ele não vê razão para nos divorciarmos, embora não estejamos vivendo juntos.
4. Terei de viver de acordo com o orçamento dele até conseguir um emprego.
5. Terei de conseguir um emprego.
6. Dan vai ficar com o menino dezesseis horas por semana.
7. Vamos vender a nossa casa.
8. Alugarei um imóvel para mim e meu filho.
9. Não vou mais fazer jantar para Dan toda noite.
10. Não seremos mais um casal.
11. Terei de pagar as minhas próprias contas.

Depois de examinar a relação, todo o burburinho interior — que se restringia a idéias muito dramáticas relativas à falta de amor por mim da parte de Dan ou ao meu fracasso em mais um relacionamento — desapareceu. Diante dos fatos da situação, o meu medo exagerado de ter de viver na rua me pareceu uma tolice. Todos os pensamentos incômodos quanto à possibilidade de Dan me tirar Beau sumiram. Na minha mente tinha havido centenas de pensamentos loucos que contribuíam para a crença de que a minha vida estava no fim. Distinguir fato de ficção teve um efeito libertador. Os fatos demonstravam que só o meu casamento, não a minha vida, estava acabando. Mostravam ainda que eu teria de fazer algumas mudanças. Ainda que no início não aceitasse essas mudanças de bom grado, registrá-las no papel me fez perceber que eu poderia me sair bem de todas elas.

Separar os fatos da ficção foi uma experiência que me transformou a vida. Deu-me a liberdade de ver os eventos da minha vida à distância do inferno dramático no qual eu estava vivendo. "O desapego divino se manifesta quando o eu inferior se afasta do drama que ele mesmo criou e permite que o eu superior observe e comente esse drama com clareza e sem emoções; honestamente e sem hesitação; de modo completo e irrestrito", explica Neale Donald Walsh, autor da série *Conversations with God*. Ele acrescenta: "Você vai saber quando esse processo está funcionando para você porque não haverá mais negatividade, julgamentos, raiva, vergonha, culpa, medo, recriminação nem sensação de ter sido enganado — haverá somente uma afirmação simples acerca das coisas reais. E essa afirmação pode constituir uma grande iluminação."

Viver em função da história do divórcio e do drama das nossas circunstâncias tem um enorme preço emocional. Acaba com a nossa paz de espírito e nos impede de viver no presente; nega-nos o acesso à clareza do nosso eu mais sábio e nos mantém presos à dor do nosso passado. A maioria das pessoas não percebe as maneiras pelas quais usamos a nossa história para nos dar ares de importância ou para obter atenção. Reconhecer a nossa necessidade de dramatizar o divórcio ajuda a desfazer a motivação inconsciente que nos impede de ver com clareza e com amor.

O divórcio muitas vezes nos faz examinar os outros dramas que criamos. Linda estava casada há nove anos com Warren quando teve seu belo filho, Zachary. Embora Warren estivesse há anos combatendo uma terrível doença, com a chegada do filho Linda sentiu que a sua vida comum agora seria completa. Linda sempre vivera com a fantasia de que um dia teria uma verdadeira família, e agora parecia que esse sonho se realizava — Linda tinha o marido e um filho. Então, certo dia, quando Zachary tinha apenas três meses, Warren disse a Linda que o *stress* de viver com ela era demais para que ele conseguisse se recuperar da doença que o afligia. Pouco tempo depois, ele se foi.

Linda estava emocionalmente instável e abusava de calmantes. A história que criou para si era a de que precisava dos remédios para enfrentar a doença de Warren. Quando este a deixou, ela caiu numa profunda depressão, convencida de que não lhe restavam razões para viver. Ela acreditava que não era nada sem Warren e não tinha propósito na vida nem valor para pessoa alguma — especialmente para o seu filho. Agora que Warren saíra de sua vida de fantasia, Linda tinha de aceitar a idéia de que precisava desesperadamente de ajuda.

Warren apoiou Linda na obtenção da ajuda de que ela necessitava. Linda nunca tivera amigos e tinha medo de tudo. Embora fosse uma mulher atraente, inteligente e delicada, não via em si nada de positivo. Ela levava a vida a partir da ficção segundo a qual nada tinha a oferecer ao mundo. Por isso, quando Warren arrumou uma namorada, Linda viu isso como a maneira de Deus cuidar de Zachary, já que ela se julgava incapaz de fazê-lo. A partir da história segundo a qual "nunca seria uma boa mãe", essa era a única maneira de ela poder ver o novo relacionamento de Warren. A infância dolorosa que tivera deixava Linda paralisada pelo medo de ser uma mãe tão terrível quanto fora a sua. Porém a coisa que Linda mais desejava na vida era ser uma boa mãe para o filho.

A partida de Warren foi o momento mais sombrio da vida de Linda, tendo-a levado a uma espiral que a fez afundar. Despedaçada e desfeita, Linda deixou de lado os remédios e aceitou ajuda pela primeira vez na vida. Seu momento tenebroso se tornara uma bênção disfarçada. Devido à ausência de Warren, Linda começou a ir a reuniões, a fazer terapia, a ler, a fazer amizades reais e a se tornar a mãe que sempre quisera ser.

Linda descobriu que os seus próprios sentimentos eram importantes e que precisava senti-los a todos para conseguir a cura. Descobriu ainda que ter seus próprios sentimentos não era o mesmo que ser esses sentimentos. Aprendeu que o excesso de liberalidade com relação aos seus próprios sentimentos alimentava o drama de sua vida e de seu divórcio. Aprendeu a distinguir fato de ficção para libertar-se da turbulência emocional do drama que criara para si mesma. Linda fez um exame de suas crenças sobre si mesma a fim de descobrir o que era fato e o que era ficção. Tratava-se do seguinte: ela nada tinha a oferecer (ficção) *versus* ela nunca tivera um emprego (fato); ela não podia ter uma família sem Warren (ficção) *versus* ela e Zachary constituíam uma bela família (fato); ela não tinha valor sem Warren (ficção) *versus* ela era valiosa como mãe de Zachary e membro da sociedade (fato); ela era uma pessoa sem valor e indigna de amor (ficção) *versus* em certos momentos do dia, tinha sensações de falta de valor e de não ser merecedora de amor (fato); ela precisava de remédios para enfrentar a realidade (ficção) *versus* ela precisava adquirir a capacidade de enfrentar sozinha a realidade e aprender a apoiar a si mesma (fato).

Embora nunca tivesse trabalhado ou tido horários a cumprir, Linda conseguiu, em seu processo de recuperação, ser auxiliar de professora na classe de maternal do filho. Para a sua própria surpresa, ela passou a acordar cedo e a preparar a si e a Zachary para a escola a tempo. Nesse período, Linda também descobriu que tinha muito jeito com crianças. Tendo Linda ao seu lado, Zachary se tornou a estrela da classe e Linda foi aos poucos percebendo a si mesma mais feliz e autoconfiante. Reconheceu que o grande drama que lhe cercava a vida era fruto de todas as suas falsas crenças. A negação ocultara as realidades de sua vida. O momento da transformação veio quando ela aceitou triunfalmente o fato de ter o poder de modificar a própria vida. Até distinguir os fatos da ficção, Linda não conseguira aceitar sua situação.

A prática da aceitação, mesmo nas piores circunstâncias, é um potente instrumento de transformação da vida. Mesmo viciados e alcoólatras, cuja situação parece irremediável, são instados em sua recuperação a encarar a vida nos termos em que esta se apresenta. O Grande Livro dos Alcoólicos Anônimos nos oferece a seguinte afirmação: "A aceitação é a resposta para todos os meus problemas hoje. Perturbo-me porque julgo inaceitável para mim alguém, um lugar, uma coisa ou uma situação; e só posso alcançar a serenidade quando aceitar esse alguém, esse lugar, essa coisa ou essa situação exatamente da maneira como deve ser neste momento." A lembrança dessas sábias palavras pode transmutar um momento de dor em um momento de paz. Sem a fé de que a vida é exatamente como deve ser, não podemos aceitar pessoas, lugares e coisas tal como são. Estaremos sempre tentando alterar, manipular e controlar o mundo exterior. Resistir à sua própria verdade, e à verdade do comportamento das outras pessoas, só serve para mergulhar você ainda mais nas trevas da negação.

O TRANSE DA NEGAÇÃO

A negação é um mecanismo de defesa do ego, que põe vendas nos nossos olhos e tampões nos nossos ouvidos, impedindo-nos assim de vivenciar a vida como ela é — *sem ficção*. A negação destrói todas as outras realidades porque, quando nos encontramos no transe da negação, cremos que aquilo que pensamos, que sentimos e que vemos é verdade.

No estado de negação, vivemos no interior de uma ilusão, criada por nós mesmos, que torna a nossa visão estreita. Permita-me dar um exemplo. Imagine-se numa floresta bela e luxuriante, com centenas de diferentes tipos de plantas, de árvores e de flores. Você descobre que, no meio daquelas centenas de hectares de belas paisagens, há um pequeno trecho com árvores mortas. Fascinado, você pega sua máquina fotográfica, aponta as lentes para aquele pequeno trecho da floresta e tira uma foto que só contém as árvores mortas. Você revela a foto das árvores mortas e passa a mostrá-la a todos os amigos e familiares. Passado algum tempo, você se esquece da vivacidade da floresta inteira e passa a acreditar que a sua fotografia reflete a real condição da floresta.

A negação nos faz ver apenas o que queremos ver a fim de nos proteger de toda a verdade. Ensinaram-nos a ver as coisas de outra maneira, a apontar o dedo acusatório e a culpar os outros pelos nossos problemas. Mas esse método de autoproteção apresenta um problema: ele nos deixa presos na ilusão de que somos o santo e o nosso parceiro, o pecador, que somos a vítima e o nosso parceiro, o agressor. Esse método nos deixa com raiva, com ressentimento, impotentes diante das circunstâncias da nossa vida. Aparta-nos da vida luxuriante da floresta e nos deixa na presença das árvores mortas.

No meio de um divórcio turbulento, a maioria de nós não vê as coisas com clareza, mas pelas lentes de uma realidade distorcida. Para voltar a ver a realidade integralmente, temos de respirar fundo e reservar um tempo para distinguir os fatos que cercam a nossa atual situação dos nossos temores sobre o que pode ocorrer no futuro. Vi isso de modo inegável quando conheci Mary. Aos 43 anos, ela estava separada do marido, Kevin, fazia quase um ano. Numa de suas primeiras declarações, Mary me informou que já não tinha raiva do marido. E depois explicou que ele maltratava os filhos e que ela teria de brigar para obter a guarda exclusiva das crianças para protegê-las.

Na verdade, Mary vivia se queixando de Kevin, dizendo-me como ele era perigoso e sustentando que não se devia permitir que ele ficasse com os filhos do casal. Eu queria examinar os maus-tratos por que Mary passara com Kevin, mas toda vez que falava a esse respeito ela contava o mesmo incidente: Kevin puxara o braço da filha, Angela, e a fizera chorar. Depois de semanas de ouvi-la falar do pai terrível que era Kevin, pedi a Mary que relacionasse todas as vezes em que ele maltratara os filhos. A relação foi curta: na verdade, embora ela hesitasse em admitir, Mary só podia se lembrar de dois incidentes. Um foi quando ele dera um puxão no braço de Angela e o outro, devido ao qual ela travava uma batalha pela guarda dos filhos, lhe fora contado por uma amiga. Disse a amiga que vira Kevin gritar com o filho, Kyle, depois de uma partida de futebol. Mary criara na mente outros incidentes que a levaram a crer que Kevin maltratava os filhos. Ela até se convencera de que ele o fazia pelo fato de ter adormecido quando os acompanhava num programa antes do horário das aulas. E, naturalmente, completavam essas idéias todo tipo de incidentes imaginários que poderiam acontecer aos filhos do casal no futuro.

Como queria ter certeza de que Mary visse a situação global, pedi-lhe que anotasse todas as boas coisas que Kevin tinha a oferecer como pai. Depois de duas semanas, ela só conseguira anotar um ou dois itens por semana, mas depois de alguns meses finalmente conseguiu arrolar oito atributos positivos de Kevin como pai. Sua relação foi:

1. Kevin deseja passar toda semana um tempo com os filhos.
2. Ele gosta de ajudar as crianças a fazer as tarefas de casa.
3. Ele gosta de futebol, e de quando em quando faz as vezes de técnico na equipe.
4. Ele estimula os filhos em todas as atividades extra-escolares.
5. Ele tem interesse pela ciência e consegue entusiasmar os filhos com respeito a um assunto de que nenhum deles gosta.
6. Ele gosta de filmar os filhos e de colecionar fotos deles em eventos especiais. (A própria Mary nunca fizera isso.)
7. Ele gosta de esquiar e de jogar tênis, e leva os filhos com ele a fim de ensinar-lhes esses esportes.
8. Ele disciplina mais os filhos.

Enquanto se concentrou no temperamento de Kevin, Mary não conseguiu ver a situação como um todo. Seus advogados a tinham advertido de que ela não dispunha de elementos suficientes para pleitear a guarda exclusiva, mas ela estava tão enredada em sua história que não sabia distinguir a floresta das árvores. Mary só podia se concentrar num punhado de árvores mortas no interior da floresta de Kevin.

Não estou sugerindo que os maus-tratos sejam uma coisa boa ou que não se tenha o direito de proteger deles os filhos, mas sim que, quando está passando por uma separação, você nem sempre consegue ver a situação como um todo. A tendência, quer queira quer não, é se concentrar no que não funciona ou é inaceitável. Não há como errar: em algum momento, todas as emoções não-expressas e todas as mensagens não-transmitidas vão se manifestar de alguma maneira. Você vai projetar toda a sua raiva, todos os seus arrependimentos e todos os seus ressentimentos na pessoa a quem antes amava mais do que a todos.

É importante lembrar que a negação é uma modalidade de proteção pessoal. Também conhecida como "eu-nem-percebo-que-estou-mentindo", a negação está arraigada em sua mente. Ela age como um escudo que nos permite seguir vivendo. Manifesta-se como racionalização e justificação, e é sempre a verdade na nossa mente. É surpreendente a facilidade com que nos concentramos na situação particular crendo que vemos toda a verdade. Mas para ser felizes, em vez de ter razão, temos de aceitar a possibilidade de que as coisas nem sempre são o que parecem.

Contaram-me uma vez a história de dois anjos ambulantes que pretendiam passar a noite na casa de uma família abastada. Chegam na casa e pedem acomodações para a noite. A família se mostra rude e se recusa a deixar os anjos ficarem num dos inúmeros quartos de hóspedes, mandando-os em vez disso para um pequeno espaço no porão frio. Enquanto os anjos arrumam a cama no chão frio, o mais velho vê um buraco na parede e o tapa. Quando o mais novo lhe pergunta por que fizera isso tendo os hospedeiros sido tão grosseiros, o anjo mais velho diz: "As coisas nem sempre são o que parecem."

Na noite seguinte, depois de um longo dia de viagem, os anjos vão repousar na casa de um agricultor casado, pobre mas muito hospitaleiro. Depois de dividir com os anjos o pouco alimento de que dispõe, o casal insiste que os anjos durmam em sua cama, na qual eles podem ter uma boa noite de descanso. Quando o sol surge na manhã seguinte, os anjos encontram o agricultor e a esposa debulhados em lágrimas. A única vaca que tinham, cujo leite era sua fonte exclusiva de renda, está morta no campo.

O anjo mais novo fica enfurecido e pergunta ao mais velho: "Como você pôde deixar isso acontecer? O primeiro casal tinha tudo, mas deu muito pouco, e ainda assim você o ajudou. A segunda família tinha pouco e se dispunha a dar tudo, mas você deixou a vaca morrer." Com amor e compaixão, o anjo mais velho replica: "As coisas nem sempre são o que parecem. Quando ficamos no porão da mansão, percebi que havia ouro guardado no buraco. Como o casal era tão obcecado pela ganância e não queria partilhar sua boa sorte, fechei a parede para que não encontrassem o ouro. Na noite passada, enquanto dormíamos no leito do casal, veio o anjo da morte buscar a esposa do agricultor. Pedi misericórdia e dei-lhe a vaca no lugar da mulher. As coisas nem sempre são o que parecem."

Quando nos lembramos de que há uma ordem no Universo e de que as coisas nem sempre são o que parecem, podemos ver além dos nossos interesses pessoais imediatos e do ego. Na maioria dos casos, tão logo nos separamos do nosso parceiro, a nossa armadura vem para o primeiro plano e a negação se instala. É porém imperativo, em especial se se tiver filhos, levar todas as realidades em consideração. Temos de sair da realidade construída pelo nosso ínfimo eu e penetrar na plenitude e na enormidade do quadro mais amplo. Este inclui a possibilidade de que o nosso parceiro esteja na nossa vida para nos trazer a luz e a cura, mesmo que não o possamos ver. Só quando entramos na luz da ordem divina podemos aceitar a situação em que nos encontramos no momento presente.

As pessoas e as circunstâncias são como são por algum motivo, e mesmo que não tenhamos condições de ver as dádivas contidas no mau humor, nas picuinhas ou na negligência de alguém, talvez essas coisas sejam necessárias para termos acesso à dádiva que se destina somente a nós. O mau humor de Kevin pode proporcionar o ímpeto de que precisa seu filho para vir a ser um defensor dos direitos das crianças. A indiferença de sua esposa pode ser exatamente a motivação de que você carece para ser mais atento às necessidades dos seus filhos ou da sua futura parceira. Neste ponto, tudo o que lhe é necessário é se dispor a ver a floresta inteira em vez de um pequeno trecho com árvores mortas. Saindo de uma atitude combativa para uma atitude receptiva, você tem de afastar-se das sombras do seu drama e penetrar na luz dos fatos.

PASSOS DA AÇÃO DE CURA

Crie um lugar calmo sem distrações. Pegue uma caneta e um caderno e comece a escrever a história do seu divórcio, inteirinha, incluindo todos os dramas e todas as emoções que você tem com relação aos eventos que ocorreram. Use uma linguagem que exprima os seus mais profundos, mais sombrios, sentimentos. Não é hora de autocensura, de delicadeza nem de assumir a responsabilidade por suas ações. Conceda a si mesmo a permissão para exprimir tudo o que precise ser dito sobre você, sobre o seu parceiro e sobre o seu divórcio.

Faça uma relação dos fatos que cercam o seu divórcio, sem histórias, dramas nem julgamentos.

Volte à história do seu divórcio e leia-a. Ao rever cada detalhe, pergunte a si mesmo: "Isto é fato ou ficção?"

Capítulo Dois

A ORDEM DIVINA

Aquilo que a lagarta chama de fim do mundo o Mestre chama de borboleta.

RICHARD BACH, *ILLUSIONS*

A Lei da Aceitação nos desperta para a percepção profunda de que estamos sempre evoluindo, quer o saibamos quer não. A nossa vida é projetada divinamente para que cada um de nós obtenha exatamente aquilo de que precisa para apoiar seu processo evolutivo peculiar. Enquanto não nos dermos conta de que tudo no mundo de Deus é exatamente como deve ser, perfeito, sem falhas, passamos a vida desejando que as pessoas, os lugares e as coisas sejam diferentes do que são. Vemo-nos presos em nossas próprias batalhas contra aquilo que existe, o que só produz mais dor e mais sofrimento. Quando entramos no universo da Lei da Aceitação, começamos a perceber que tudo o que acontece neste momento é precisamente como deve ser. Descobrimos que nada no mundo acontece por acaso e que não existem coincidências. Quando negamos a perfeição do momento e a perfeição do Universo, vemo-nos fadados a levar uma vida cheia de temores, de sofrimentos e de desespero. Negar a realidade das nossas circunstâncias é uma luta que não podemos vencer.

Na condição de jovem adulta, sofri horrivelmente com o divórcio de meus pais. Por mais terapeutas que eu visitasse ou introspecções que fizesse, as lágrimas e a tristeza decorrentes da perda da minha família permaneceram bem perto da superfície da minha consciência por mais de dez anos. Na época, eu não conseguia ver nenhum motivo para ter de passar por tanta dor e por uma sensação tão profunda de perda. Mas, rememorando, posso ver que o divórcio na minha família e o meu próprio divórcio foram partes extremamente necessárias da minha própria jornada espiritual. Esses dois eventos importantes me levaram a descobrir a raiz do meu sofrimento e me mostraram que os meus pensamentos, as minhas crenças e os meus comportamentos tinham como origem as minhas feridas emocionais não-sanadas.

A inteligência universal que habita o nosso íntimo se acha vinculada com tudo o que existe e sabe exatamente aquilo de que precisamos para acolher a imensidão do nosso próprio ser. Aquilo de que cada um de nós necessita para evoluir e se desenvolver, a fim de alcançar a magnificência do nosso eu singular, já se acha codificado dentro de nós. Repleto de informação vital, esse código é o nosso guia para a descoberta do nosso tão extraordinário eu. Essa inteligência universal nos orienta a atrair pessoas perfeitamente adequadas para nos ajudar a vivenciar os exatos incidentes e sentimentos de que carecemos se quisermos despertar para a mais elevada expressão do nosso próprio ser.

Eu tinha de me casar com Dan. Essa era a maneira de o Universo me dar apoio na concretização do meu potencial e minha auto-realização. Eu tinha de desposar alguém que me reconduzisse inconscientemente às mágoas da minha infância, alguém que soubesse como me frustrar e me atingir em todos os pontos vulneráveis. Eu tinha de me casar com uma pessoa que não me desse aquilo que eu julgava precisar. Tudo o que Dan disse, tudo o que fez ou deixou de fazer, ofereceu os aguilhões perfeitos para picar as defesas que recobriam as minhas mágoas profundamente escondidas. O meu divórcio e todo o sofrimento que o cercou me forçaram a questionar quem eu era e o que fazia aqui. Hoje posso ver que por sob o véu de muitos eventos traumáticos estava o caminho que me levava à realização do meu destino. Aprendi que há muitas realidades — as que vemos, as que os outros vêem e, é claro, aquelas que nenhum de nós pode ver.

Essa verdade é belamente ilustrada por uma antiga história sufi sobre um agricultor e seu filho. Um dia, quando ia alimentar os animais, o agricultor descobriu que o seu único cavalo morrera. O lugarejo logo soube da notícia, e os vizinhos apareceram para dizer: "Soubemos da triste notícia; é terrível a perda do seu único cavalo." O agricultor se vira para os amigos e diz: "Talvez."

No dia seguinte, enquanto o agricultor trabalhava na terra, veio o filho lhe dizer que acabara de capturar um rebanho de cavalos selvagens. Os habitantes do local mais uma vez sabem da notícia e vão dizer: "Que sorte a sua de ser abençoado com um rebanho de cavalos selvagens." E de novo o agricultor diz apenas: "Talvez." Dias depois, enquanto tentava domar um dos cavalos, o filho do agricultor cai e quebra a perna. Um vizinho sabe do acidente e vem dizer: "Que azar o seu; lamento muito." O agricultor diz somente, uma vez mais: "Talvez." Passam-se muitas semanas, e o filho do agricultor ainda está manco. O imperador manda seus mensageiros para arregimentar todos os rapazes em boas condições físicas para travar uma batalha local. Chegando à casa do agricultor, os mensageiros vêem o seu filho machucado e o dispensam. Os vizinhos, que perderam na batalha todos os filhos, vão de novo à casa do agricultor e dizem: "Que sorte a sua de ter o seu filho em casa." E o agricultor repete: "Talvez."

Como se pode perceber, nunca se sabe o que vai ocorrer na vida nem o motivo de alguns eventos acontecerem. A Lei da Aceitação nos ensina que estamos em permanente evolução, quer o saibamos quer não. O que pode se afigurar como o pior evento que já aconteceu em nossa vida pode ser parte de um plano brilhantemente traçado para levar você a um lugar de realização, de paz e de satisfação. A aceitação das nossas próprias circunstâncias nos liberta imediatamente da nossa batalha interior e nos capacita a começar a perceber novas possibilidades.

Aceitação significa também confiança. Confiar é uma tarefa difícil quando estamos nas garras de um sofrimento emocional. Temos contudo de saber que estão acontecendo mais coisas do que podemos saber. Cerca-nos a todos uma teia profunda, ainda que não a possamos ver. São parte integrante dessa teia muitas possibilidades diferentes para o curso da nossa vida. Enquanto percorremos o nosso caminho nesta existência, é-nos dada continuamente a opção da trilha que vamos seguir. Todos os acontecimentos trazem em si as sementes de possibilidades ilimitadas para o nosso futuro.

A cada momento, muitos futuros diferentes estão à sua disposição. Todos eles tentam levar você de volta à sua natureza divina. Alguns caminhos são mais fáceis de trilhar do que outros. Se sempre fizer opções a partir do seu eu inferior — da parcela de seu ser que é temerosa, viciada e descontente —, você vai continuar a dar com montanhas de dor e anos de sofrimento. Se optar a partir do seu eu superior, pode ser que ainda encontre muitos obstáculos pelo caminho; porém, aceitando que tudo o que acontece é exatamente o que deve acontecer, você pode permanecer forte, sabendo que não está sozinho, mas numa parceria sagrada com o Divino.

Cabe inteiramente a cada um de nós escolher quando vai dançar com o Universo. Há um velho ditado: "A vida é a escola do sábio e a inimiga do tolo." Se quisermos ser sábios ou sábias, aprenderemos com os nossos erros e obteremos forças a partir das nossas limitações. Nesse caso, dedicamos tempo ao exame e à contemplação dos eventos que levaram à nossa atual situação e usamos os conhecimentos recém-adquiridos para curar as feridas do passado. Depois disso, podemos recuperar a posse de parte da grande sabedoria deste mundo. Essa sabedoria nos inspira a submeter a escrutínio as nossas diferentes opções, sabedores de que há uma razão deveras específica para o fato de estarmos neste exato lugar, neste momento e nesta época.

A orientação divina se comunica conosco por meio de eventos sincronísticos. Com muita freqüência não nos damos conta do motivo pelo qual nos sentimos compelidos a tomar determinadas decisões nem por que estamos animados com alguma coisa num dia e desanimados no outro. Podemos não saber o motivo da nossa demissão ou do fato de termos sido abandonados pelo nosso parceiro. Todavia, fazendo um exame retrospectivo, é comum podermos ver que cada pessoa e cada acontecimento conspiraram para nos levar ao ponto no qual nos encontramos neste momento.

Costuma ser impossível ver a montanha inteira quando a estamos escalando. Enquanto labuta em cada reentrância, você pensa: "Que loucura! Por que estou aqui? Quem me fez entrar nesta 'fria'? Por que estou fazendo isto?" Mas uma vez que alcance o topo, você pode olhar para baixo e ver a que distância chegou e como é grandiosa a sua façanha.

Quando começamos a perceber e a reconhecer o padrão dos eventos que nos fizeram chegar a este momento, começamos a levar uma vida consciente. A interligação de que falo, invisível aos nossos olhos, recebe o nome de sincronicidade. A sincronicidade é a linguagem mágica da vida. É o nosso mapa, nosso guia das possibilidades da vida. Nessa percepção consciente, podemos ver além das circunstâncias e nos dar conta da interligação interior das pessoas e dos acontecimentos que são parte da nossa vida. Quando reinterpretamos esses eventos pelo prisma da sincronicidade, somos capazes de ver a ordem divina que norteia o nosso caminho ímpar.

A minha vida pode ser considerada um imenso exercício de aceitação do fato de que as coisas sempre são como foram projetadas para ser. Na superfície, os eventos que me levaram a fazer o que hoje faço pareceram casuais e dispersos. Contudo, cada acontecimento e cada circunstância tinha um propósito; cada um deles me trouxe novas introvisões e me fez avançar para um nível superior de compreensão. A minha tarefa consistiu em aceitar cada retrocesso ou conquista como parte de um plano maior destinado a mim.

Examinando em retrospecto as ocorrências que levaram ao meu divórcio, posso ver agora a presença de um desígnio divino. Esse desígnio começou a se manifestar quando eu ainda vivia na Flórida, era solteira e sócia de uma bem-sucedida loja varejista. Labutando para encontrar o sentido da minha vida, fui a numerosos seminários, treinamentos de liderança e cursos de aprimoramento das capacidades de comunicação. Fiz experiências com muitas modalidades de terapia, li um número imenso de livros e ouvi durante horas fitas de auto-ajuda, na tentativa de encontrar a paz interior. Durante anos senti-me insatisfeita com a minha própria vida. Nesse período de autodescoberta, dei-me conta de ter um profundo desejo de me mudar para a Califórnia. Ainda que não compreendesse o motivo do anseio de deixar a cidade em que vivia a minha família e todos os meus amigos, eu estava comprometida com o exame despreconceituoso dos meus impulsos interiores.

Um dia, enquanto participava de um seminário de desenvolvimento pessoal (de três dias), ouvi falar de uma organização chamada Prison Possibilities [Possibilidades na Prisão]. Alguma coisa que cercava essa instituição de caridade despertou o meu interesse. Preferi mais uma vez seguir o meu ímpeto interior a fim de ver para onde me levaria. Durante anos eu falara em dedicar parte do meu tempo ao voluntariado numa organização, mas nunca tinha feito o esforço de me engajar de fato nisso. Descobri que a Prison Possibilities se dedicava a promover, no sistema penitenciário norte-americano, um seminário de evolução pessoal denominado "O Fórum". Decidi me oferecer como auxiliar e participei do seminário numa prisão do Colorado. Fiquei pasma ao perceber o compromisso envolvido, mas ao mesmo tempo percebi que, se aproveitasse as oportunidades que me eram oferecidas, era provável que fosse levada a sair da realidade limitada na qual vinha vivendo.

Nos termos dos caprichos da vida, na manhã anterior ao dia da minha partida para o Colorado, fizeram-me uma oferta séria de compra da minha loja. Há quase dois anos eu tentava desesperadamente vender esse meu estabelecimento — sem sucesso. A perspectiva de finalmente negociá-lo era tanto excitante como atemorizante, porque agora, ainda que eu fosse me tornar uma mulher livre, eu também ficaria sem emprego. Esta última idéia me deixava literalmente com as pernas bambas. Fiquei tão sobrecarregada de emoções que adiei a minha viagem. Durante dias vi-me dividida entre manter o negócio que me trouxera tanto sucesso e segurança e deixá-lo a fim de perseguir o meu sonho mais profundo. No final, percebi que precisava confiar que o Universo fosse o meu guia e me levasse ao próximo destino da minha jornada. Tendo decidido buscar a realização dos meus sonhos, peguei um avião para Denver, Colorado.

Na manhã do segundo dia de curso, um homem bastante atraente sentou-se ao meu lado no banco em que ficavam todos os participantes do seminário da Prison Possibilities. Ele se apresentou como Rich, o presidente da organização. No momento em que os nossos olhares se cruzaram, percebi que a minha vida nunca mais seria a mesma. Sentados naquele banco na cadeia, apaixonamo-nos instantaneamente e, para resumir uma longa história, quatro meses depois larguei tudo, vendi meu negócio, juntei meus pertences e fui da Flórida para San Francisco viver com Rich. Durante meses fiquei atônita com a perfeição dos acontecimentos que me levaram ao programa da prisão e ao meu encontro com Rich. Dei-me de súbito conta de que, se confiasse na inteligência profunda que orquestra o Universo, eu seria levada ao lugar exato para encontrar a pessoa certa que me daria justamente as lições que eu precisava a fim de fazer de mim a pessoa que eu sempre quisera ser.

Enquanto vivia na área da Baía, freqüentei a JFK University e comecei a freqüentar aulas de Estudos da Consciência e Psicologia Transpessoal. Aos 34 anos, eu finalmente ia realizar a minha meta de me graduar na faculdade. Foram necessários inúmeros eventos sincronísticos para que eu chegasse ao lugar exato que me era reservado.

Enquanto freqüentava a escola, também passei a coordenar seminários, dedicados à transformação, da Landmark Education, com a esperança de um dia liderar "O Fórum" em prisões. Ainda que florescesse como líder de seminários, sempre que eu falava com alguém da organização sobre a possibilidade de conduzir "O Fórum" no sistema penitenciário, não me parecia que algum responsável tivesse a meu respeito essa mesma idéia. Durante meses eu me vi às voltas com as minhas opções, sem querer aceitar o fato de que ninguém me apoiava em meu sonho. Até que um dia uma amiga me ligou e me convenceu de que eu estava no caminho errado e de que era remota a possibilidade de que eu viesse a liderar "O Fórum" no sistema penitenciário.

Resisti muito a aceitar o que ela me dizia. Eu estava resolvida a salvar a América e a transformar todos os seus prisioneiros. Mas bem no íntimo eu sentia que ela provavelmente tinha razão. Durante dias fiquei refletindo sobre as suas palavras, e então me lembrei de algo que Inayat Kahn, um mestre sufi de sabedoria, dissera: "Se não é bom para eles, não é bom para você, e se não é bom para você, não é bom para eles." Em sua voz lenta e delicada, ele me explicou que tudo se acha em perfeita harmonia e que, quando o Universo e as circunstâncias não nos dão apoio para conseguir algo que queremos, há alguma coisa melhor reservada para nós, algo que nos dá apoio de formas que não nos é dado perceber. Se não percebemos a perfeição, é simplesmente porque vivemos sob o véu da ilusão e estamos sendo guiados por nós mesmos. Kahn me assegurou que, em última análise, acabaremos por perceber que as circunstâncias estavam nos conduzindo a outro rumo que vai nos levar a uma realidade mais elevada.

Como não houvesse estímulo na Landmark Education, fui levada a examinar outras possibilidades de carreira. Foram-me necessários meses para aceitar o fato de que era hora de partir. Mas assim que fiz isso, tão logo comecei a me afastar da organização, comecei a ver que o trabalho da minha vida teria outro teor.

Ao mesmo tempo, o meu relacionamento com Rich estava chegando ao fim. Meu coração estava amargurado, pois eu desejava desesperadamente casar e ter filhos. Chegáramos a um impasse e decidimos que cada qual seguiria seu próprio caminho. Assim, mais uma vez reuni os meus pertences, guardei os meus sonhos e fui embora. Com as caixas semidesfeitas, fui a um encontro de cinco dias em Santa Clara, onde conheci Dan. Nós dois estávamos comprometidos com uma vida de transformação e de serviço. Passamos horas discutindo todas as maneiras pelas quais cada um de nós poderia tornar o mundo um lugar melhor. Quando Dan e eu resolvemos nos casar, o meu coração ficou cheio de júbilo e excitação. Eu finalmente encontrara o homem dos meus sonhos.

Mudei-me para San Diego para ficar com Dan. Logo fiquei grávida e imediatamente comecei a criar um lar para a nossa família. Os primeiros meses de gravidez foram muito difíceis. Eu tinha enjôos pela manhã e as náuseas faziam aflorar o que havia de pior em mim; tudo e todos me incomodavam. Eu me sentia infeliz na cidade em que morávamos e sentia saudades dos amigos e da família. Eu nunca me sentira tão sozinha. O relacionamento não conseguiu suportar todo o *stress* da mudança, de deixar o emprego e a escola, de estar grávida e recém-casada. Tomados pelo sofrimento, Dan e eu decidimos nos separar antes de o nosso filho, Beau, ter completado um ano.

Pouco antes de eu e Dan rompermos, fiquei extremamente preocupada sobre como eu iria me arranjar sozinha. Não parecia possível cuidar de Beau e ao mesmo tempo fazer carreira. Mas um dia me ofereceram a oportunidade de trabalhar com Deepak Chopra no Chopra Center for Well Being [Centro Chopra para o Bem-Estar], que por acaso ficava a menos de cinco quilômetros da minha casa. Desde que ouvira o doutor Chopra falar pela primeira vez em San Francisco, eu acalentava o sonho de trabalhar com ele. Comecei a trabalhar bem de perto com o doutor David Simon, diretor médico do Chopra Center, e desenvolvi o Processo da Sombra, um seminário de liberação emocional de três dias que constitui o fundamento do trabalho que hoje desenvolvo.

Os doutores Chopra e Simon me acolheram como uma família e me ajudaram no aprimoramento dos meus talentos. Vi-me outra vez surpresa com a perfeição do Universo. Ali estava eu, diante de uma das maiores desilusões que podia imaginar, e ao mesmo tempo tinha a oportunidade de realizar um dos meus maiores sonhos.

Depois do divórcio, quando eu precisava imaginar uma maneira de me sustentar, minha irmã, Arielle, me perguntou o que eu poderia fazer para dar uma contribuição à humanidade e ao mesmo tempo prover às minhas necessidades. Fechei os olhos e a primeira coisa que me ocorreu foi escrever um livro sobre o trabalho de liberação emocional que eu desenvolvia em meus seminários no Chopra Center. Para o meu alívio e contentamento, *The Dark Side of the Light Chasers* saiu no mesmo mês em que a minha pensão ia acabar. Isso me mostrou de novo que, se confiasse no Universo e seguisse o meu coração, nada me faltaria.

São todos esses eventos coincidências ou a expressão da magia do Universo? Houve momentos ao longo do caminho em que eu não gostava do que via. Toda vez que as circunstâncias tomavam um rumo diferente do que eu desejava, era-me necessário praticar a Lei da Aceitação. A maneira mais fácil que descobri para fazê-lo consistia em enunciar em alto e bom som a verdade da minha situação. Quando quis liderar "O Fórum" na prisão e percebi que isso não iria acontecer, repeti muitíssimas vezes para mim mesma, "Não vou liderar 'O Fórum' na prisão. Não vou liderar 'O Fórum' na prisão". Quando vendi minha loja e sabia que tinha de viver de acordo com um orçamento, eu repetia continuamente, "Terei de viver de acordo com um orçamento. Terei de viver de acordo com um orçamento". A afirmação da minha realidade indesejada repetidas vezes me permitiu sair da negação e passar à aceitação.

Posso examinar cada mudança, cada rompimento e cada oportunidade e perceber que sempre havia outras opções que eu poderia ter feito. Havia diferentes cidades nas quais viver, inúmeras organizações nas quais ser voluntária e uma variedade de homens com os quais me relacionar. A cada passagem da vida estavam presentes diferentes caminhos que eu poderia ter escolhido. Cada pessoa que conheci, e cada sentimento que tive, tinha de alguma maneira me conduzido à situação na qual eu me encontrava agora. Sentada aqui diante do computador, posso honestamente dizer que não trocaria a minha vida pela de ninguém. Assim, tenho mais uma vez a opção de reconhecer a magnificência do Universo ou manter vendas nos olhos e fingir que a vida simplesmente acontece.

Uma vez que consideremos o mundo com os olhos da aceitação, podemos decidir nos tornar receptivos à perfeição da nossa vida e começar a perceber por que certos acontecimentos ocorrem e por que certas pessoas vieram a ser parte do nosso mundo. Marcel Proust disse: "A verdadeira viagem de descoberta não consiste em procurar novas paisagens, mas em ter novos olhos." Novos olhos nos permitem ver todas as pessoas e todos os eventos como guias que nos levam ao lugar exato em que temos de estar para exprimir a nossa dádiva pessoal e sem par neste planeta.

Quando aceitamos a ordem divina, passamos a caminhar com maior facilidade, a seguir o curso das coisas, a confiar que o rio da vida vai nos conduzir para o destino a que temos de chegar. Confiamos que, mesmo não podendo ver para onde estamos indo neste momento, chegaremos a um lugar mais seguro e confiável do que o nosso ponto de partida. A alternativa a aceitar a ordem divina em nossas atuais circunstâncias é ver a vida com os olhos do nosso ego. Quando a vida é controlada pelo nosso ego, em vez de seguir o curso normal do rio, somos puxados pelo nosso eu inferior e o nosso mapa passa a ser a separatividade. Trata-se de uma longa e acidentada viagem rio acima, contra a corrente.

Quando agimos a partir do nível do nosso ego, vivemos no medo, tentando nos proteger da perda. Perguntamos: "Por que isto está acontecendo comigo?" Pensamos estar sendo maltratados e tememos que alguém esteja querendo tirar algo de nós. Ao contrário da perspectiva do nosso eu superior, o nosso ego não vê a totalidade da situação. Sua função é nos proteger enquanto indivíduos, ver as coisas do ponto de vista de "mim". O ego diz, "Não sou você. Sou outro. E se não cuidar de mim, você vai me magoar". O nosso eu superior diz: "Eu sou você. E se algo não funciona para você, também não funciona para mim." Mesmo que não consiga ver a perfeição em sua vida, você pode confiar que a Lei da Aceitação vai recordá-lo de que você está exatamente onde tem de estar. Você pode começar a praticar a confiança procurando pistas indicativas de que tudo o que está acontecendo serve a um propósito divino. E esse propósito tem como meta despertá-lo e guiá-lo em sua jornada.

Quando estamos imersos no sofrimento e na confusão, é difícil imaginar para onde todo esse distúrbio está nos levando. O nosso eu inferior se torna vítima da nossa programação negativa e limita aquilo que podemos ver. Isso por certo se aplica a Patrick e Jenny. Certo dia, Jenny chegou do trabalho nervosa e preocupada e disse ao marido, Patrick, que estava insatisfeita com o casamento. Com um ar de sofrimento, Jenny confessou a Patrick que sua insatisfação a levara a ter um caso com um homem que conhecera no trabalho. Patrick ficou a um só tempo magoado e confuso. A notícia chocante da traição da mulher o deixou transido de medo, e pela primeira vez na vida ele ficou emocionalmente arrasado.

Depois de várias semanas e de muitas conversas regadas a lágrimas, Jenny decidiu que precisava de tempo para encontrar-se a si mesma e pediu a Patrick que se mudasse. Como ele se recusasse a fazê-lo, Jenny resolveu mudar-se para um apartamento, deixando Patrick na casa com os dois filhos.

Patrick caiu numa profunda depressão. No começo, ele teve dificuldades para concentrar-se no trabalho e cuidar dos filhos. Mas se esforçou para não alterar muito a vida das crianças, com cuja guarda ficou a maior parte do tempo.

Nos primeiros anos de casamento, Patrick havia sido financeiramente irresponsável e endividou muito a família. Jenny nunca conseguira chegar a um acordo com a sua raiva e o seu ressentimento com relação a Patrick. Envolvida com os meandros da sua vida em comum, Jenny dispusera de pouco tempo para tratar das próprias emoções. Ela nunca se sentira forte o bastante para enfrentar os problemas que durante anos afetaram o casal, e por isso se ocupou de cuidar dos detalhes do comportamento de Patrick. Este assumira o papel de vítima passiva, seguindo simplesmente todas as propostas de Jenny. Sem confiar no julgamento do marido, Jenny cuidava de todos os aspectos financeiros e o deixava com um orçamento estrito. Os dois se acostumaram com seus papéis respectivos e sucumbiram a uma vida de "calmo desespero".

Enquanto Patrick sofria a perda do casamento, Jenny se dedicava ao seu novo amor, explorando a vida como mulher sozinha e sentindo-se livre pela primeira vez em vinte anos. Sentindo-se impotente diante do comportamento de Jenny, Patrick fazia tudo para ter forças e conseguir ajuda. Ele começou a praticar a aceitação, cônscio de que não havia alternativa. Sabendo que tinha de haver um motivo na base dos eventos, ele repetia diariamente a afirmação "Deus dá o frio conforme o cobertor" a fim de obter a coragem de seguir em frente.

Meses depois, Patrick recebeu no trabalho a ligação de uma mulher que morava do outro lado do país. Amy não sabia como obtivera o telefone dele, mas estava interessada em saber mais sobre suas funções no trabalho como lobista em prol de reformas no sistema público de assistência médica. Amy e Patrick logo se tornaram amigos "telefônicos". Ele passou a se sentir muito próximo dela e mal podia esperar pela sua conversa telefônica diária. Dentro de pouco tempo ele tornou Amy confidente de seus problemas pessoais.

Essa nova amizade ajudou a preencher parte do vazio interior que Patrick sentia. Ainda estava presente em seu ser o coração partido, e ele não conseguia resolver o problema dos seus sentimentos com relação a Jenny. Todos os dias ele tentava se convencer de que tudo daria certo e de que teria forças para agüentar a tormenta. Mas o sofrimento era profundo, e toda vez que pensava que a mulher estava com outro homem, Patrick sentia-se como se uma faca penetrasse o seu coração. Mesmo amando muito os filhos, ele tinha dificuldades para se levantar de manhã e tinha poucas coisas a esperar de sua vida diária. A única luz nessas trevas passou a ser suas conversas telefônicas diárias com Amy.

Num momento de ânimo, Patrick decidiu marcar um encontro com Amy numa cidade próxima à dela. Quando saiu do avião e viu Amy à espera, Patrick viu que a sua sorte mudara. Seu coração se abriu, e pela primeira vez em meses ele sentiu que as coisas dariam certo. Os dois passaram um adorável fim-de-semana juntos, falando sobre a vida de cada um e percebendo o quanto tinham em comum. Amy o animava o tempo inteiro, dizendo-lhe que ele iria superar tudo. Ela passou a encorajá-lo a ver além de sua atual situação, e lhe deu apoio para que ele se recordasse de seus próprios sonhos. Pela primeira vez em dez anos Patrick voltava a acreditar em si mesmo.

Enquanto isso, Jenny concluíra que precisava voltar para a casa deles e que o melhor para Patrick era ocupar o apartamento que ela alugara. Patrick concordou. Menos de um ano depois, o casal estava oficialmente divorciado. Agora Patrick tinha diante de si o desafio de ganhar o bastante para cuidar de si e assumir as suas responsabilidades na criação dos filhos. Amy o convenceu de que ele podia ser um sucesso nos negócios e se comprometeu a apoiá-lo enquanto ele corria o risco de largar o emprego em que ganhava menos de 40 mil dólares por ano e montava sua própria empresa. Com a ajuda de Amy, ele sabia que poderia fazer qualquer coisa. Amy e Patrick decidiram se casar e Amy foi com seus pertences para o apartamento dele.

Examinando retrospectivamente a crise, o medo, a impotência e o sofrimento, Patrick diz que todos os eventos foram perfeitos. Quatro anos mais tarde, a empresa de Patrick atingiu um êxito que vai bem além do que ele imaginara. Em vez de ser continuamente lembrado de seus insucessos passados, ele leva hoje uma vida fundada no presente e tem diante de si um futuro repleto de extraordinárias oportunidades. Aos 47 anos, ele finalmente está realizando seu sonho de infância de ser um sucesso, e está ganhando bem mais do que já imaginara poder ganhar. Sente-se grato e em total alinhamento com o propósito de sua alma. Amy e Patrick têm agora um filho e se dedicam a criar a vida de seus sonhos. Jenny também voltou a se casar e as duas famílias vão muito bem.

Indo além das nossas expectativas e julgamentos pessoais acerca de como deve ser a nossa vida, obtemos acesso às muitas possibilidades que existem reservadas para nós no Universo. Somente quando nos tornamos um empecilho para nós mesmos, quando tentamos decidir inteiramente ao nosso modo o que é certo e errado, interrompemos o fluxo natural da nossa evolução pessoal.

Oculta-se sob o véu das nossas experiências, às vezes turbulentas, um desígnio magnífico e exclusivo para a vida de cada um de nós. O Universo nos proporciona numerosas oportunidades para nos levar a seguir o caminho traçado em nosso mapa pessoal para a felicidade. Tudo o que temos de fazer é nos entregar e deixar Deus agir.

PASSOS DA AÇÃO DE CURA

1. Faça uma relação de cinco experiências difíceis pelas quais passou. Ao lado de cada uma delas, escreva uma lição que aprendeu como resultado da experiência em tela. De que maneira essa lição o ajudou em sua vida?

2. Relacione vinte coisas favoráveis decorrentes de sua separação de seu parceiro. Como o sugere a lista a seguir, os benefícios do rompimento podem ser ponderáveis ou bem superficiais. Pode ser útil examinar, a fim de ter inspiração, as queixas que você tem a fazer. Se não conseguir descobrir nenhum benefício, peça a ajuda dos amigos e da família. Sua relação deve ser semelhante à seguinte:

- Tenho um banheiro só para mim.
- Tenho mais tempo para ler e para a auto-reflexão.

- Posso ser eu mesmo, sem ter de agradar outra pessoa.
- Não preciso mais fazer almoço.
- Não tenho de dar satisfação dos meus passos a pessoa alguma.
- Sinto-me livre para voltar à escola.
- Posso convidar amigos e familiares a vir à minha casa a qualquer hora do dia ou da noite.

A LEI DA
ENTREGA

~ Capítulo Três ~

O CAMINHO DA MENOR RESISTÊNCIA

Recorremos a Deus quando as nossas bases estão abaladas somente para descobrir que é o próprio Deus que as está abalando.

CHARLES C. WEST

A Lei da Entrega nos diz que, quando paramos de resistir e nos rendemos à nossa situação exatamente como ela é, as coisas começam a se transformar. Resistimos por temer que, se renunciarmos ao controle, vamos nos ver diante de situações com as quais não sabemos lidar. A nossa resistência é um mecanismo natural de defesa, um escudo que envergamos inconscientemente para nos proteger do sofrimento. Vivemos na ilusão de que esse escudo vai de algum modo nos impedir de sentir a perda, a culpa, a aflição e a angústia da nossa atual situação. Mas, no final, a resistência antes nos furta o nosso direito de obter a cura do que nos defende do que quer que seja. Ela nos impede de ver a verdade, a realidade, aquilo que é possível para a nossa vida. Quando nos entregamos, desprezamos nossas representações de como a vida deveria ser e nos permitimos ficar na presença da nossa vida tal como ela é, sem interpretações nem ilusões.

Um ano depois do meu divórcio, passei pela experiência direta de estar nas garras da resistência. Um dia, quando eu falava ao telefone com Dan, ele começou a questionar a minha situação financeira. Perguntou-me sobre os projetos nos quais eu estava trabalhando e quanto dinheiro eu estava ganhando com cada um deles. Quando larguei o telefone, minhas mãos suavam, eu sentia um aperto no peito e uma certa rigidez no corpo. Eu acabara de comprar uma casa que mal podia pagar e temia que Dan quisesse reduzir a pensão do menino. Retrospectivamente, pude perceber que, quando Dan falou de dinheiro, eu ocultei dele o quanto estava ganhando. Minimizei meu sucesso e dramatizei em excesso minha condição financeira, como se estivesse pondo a armadura em preparação para a batalha.

Então, numa dada noite dias mais tarde, acordei nesse estado paranóide e me perguntei: "O que está acontecendo?" Durante semanas eu vivera assombrada pelo medo, e sabia que precisava renunciar à minha resistência. Tinha conhecimento de que, para me livrar da ansiedade, eu tinha de encarar o medo de frente e enfrentar o sofrimento que cercava minha relação com o dinheiro. Por isso, peguei o meu diário e escrevi: "O que aconteceria se Dan reduzisse a pensão?"

1. Minha renda mensal diminuiria.
2. Eu não poderia pagar a prestação da casa.
3. Eu teria de vender a casa que acabara de adquirir.
4. Eu teria de alugar uma casa em vez de ser proprietária.
5. Eu teria de usar o dinheiro de que disponho para cobrir minhas despesas do dia-a-dia.
6. Eu teria de descobrir outra maneira de me sustentar.

No início fiquei horrorizada. Eu queria desesperadamente poder pagar a casa que tinha acabado de comprar. Vieram-me lágrimas aos olhos, e percebi que a questão era mais profunda. Examinei a minha reação inicial e dei-me conta de que só queria me sentir segura e ter uma bela casa para eu e Beau vivermos. Senti que pelo menos isso eu merecia. Guardei o diário e voltei a dormir.

Quando despertei, resolvi que iria resolver a questão de qualquer maneira, e por isso revisei a relação que fizera. Vi dessa vez que se aquelas eram as piores coisas que poderiam acontecer, eu poderia me sair bem. Teria menos dinheiro, viveria num apartamento alugado e teria de usar minhas reservas financeiras para viver. A pergunta que eu precisava responder agora era: "Como poderei, nessa nova situação, ser feliz e ter uma ótima vida?"

Supor que ocorresse o pior e elaborar a minha lista me permitiu ver que eu seria capaz de enfrentar o pior resultado. Eu estava então preparada para enfrentar o que percebera como um ataque da parte de Dan. No meio desse processo, vi as coisas, num dado momento, com clareza: percebi que, se Dan não quisesse pagar a pensão que estava pagando — se fosse obrigada a brigar, a implorar ou a viver num clima de hostilidade —, eu não queria essa pensão. Tive de fazer a mim mesma a pergunta: "Desejo viver todos os dias tirando alguma coisa de alguém que está ressentido comigo?" A resposta foi claramente "não". Eu sabia que nem todas as pessoas tinham a sorte de poder fazer essa opção, mas graças aos céus eu podia. Decidi que quase tudo era preferível a permanecer dependente de alguém que não desejava me sustentar.

De manhã, peguei nervosamente o telefone e liguei para Dan. Disse-lhe que pensava que ele me fizera perguntas sobre dinheiro porque planejava reduzir a pensão. Falei do meu incômodo desde a nossa última conversa e depois pronunciei as palavras que julgava que jamais sairiam da minha boca: "É bom receber a pensão, mas se você não pode me dar o que me tem dado, tudo bem." Eu não lhe disse que nesse caso provavelmente teria de vender a casa. Mas esse não era um problema dele; eu daria um jeito.

Enfrentei o medo, venci a resistência, e, para a minha grande surpresa, Dan disse: "Não fiz as perguntas por esse motivo. Eu só estava imaginando se você estava tendo condições de pagar as contas." Ele exprimiu então o desejo de contribuir financeiramente para o nosso sustento e disse que julgava importante que Beau tivesse uma bela casa para morar. Quando imaginara que Dan iria reduzir a pensão, temi nunca conseguir dar conta das coisas sozinha. Só quando me dispus a acolher os meus mais profundos temores é que descobri que a pior hipótese não iria arruinar a minha vida.

O SOFRIMENTO DECORRENTE DA RESISTÊNCIA

A resistência nos faz prisioneiros do sofrimento emocional envolvido por uma dada situação. Prende-nos na realidade que mais gostaríamos de mudar. As resistências vêm do anseio ou desejo de que a nossa realidade seja diferente do que é. Elas causam *stress*. Imagine que vou lhe dar um soco e permita-se ficar tenso por antecipação. Você vai sentir o seu corpo enrijecer. E é isso o que acontece com o nosso corpo quando resistimos a uma pessoa ou circunstância.

A resistência nos aprisiona na nossa própria vontade por meio da negação de outras realidades. Vivendo no âmbito das limitações da nossa vontade pessoal, sentimo-nos apartados e solitários. Presos à nossa vontade pessoal, vivemos numa conversa interior que gira em torno do seguinte pensamento: "As coisas não deveriam ser assim." Nesse caso, despendemos toda a nossa energia tentando alterar a realidade exterior das nossas circunstâncias. Imersos num conflito interior, empenhamo-nos em compreender a nossa situação e lutamos para controlar o comportamento do nosso parceiro.

A entrega contraria a nossa reação natural de lutar pelos nossos direitos e de nos apegar ao que cremos que nos pertence. Mas enquanto não nos entregarmos, estaremos presos à dor do nosso rompimento. Entregar-se é especialmente difícil quando fomos traídos, abandonados ou enganados. Mas se aceitarmos que tudo acontece exatamente como deve acontecer, podemos começar a nos entregar e a confiar no fluxo natural do Universo. Para transcender o sofrimento, temos de nos opor à nossa reação instintiva de apego e substituí-la pela entrega ao caminho do desapego.

Nos meus estudos de Tang Soo Do, uma modalidade de caratê coreano, meu professor, Mestre John Gehosky, me ensinou que às vezes a melhor maneira de sair de uma posição comprometedora consiste em não resistir. Por exemplo, se um atacante prende meu braço, em vez de enrijecê-lo e tentar soltá-lo, preciso me aproximar mais do meu oponente e relaxar completamente o braço. Tentar soltar o braço preso pelo atacante desencadeia nele a resposta natural de prender ainda mais. Para me livrar do atacante, tenho antes de me entregar a ele. Quando me solto e relaxo, o atacante reduz naturalmente a pressão, dando-me a oportunidade de soltar o braço. Minha reação inicial é sempre resistir a toda ameaça que percebo. Só quando respiro fundo, relaxo e me deixo levar pela experiência, fico mais forte e tenho acesso a todo o meu poder e vigor.

Tudo o que você deseja mudar, tudo o que você teme, tudo o que você se recusa a aceitar produz resistência interior. Se resiste à comunicação irritante do seu marido, ele vai insistir em fazer essa mesma comunicação repetidas vezes até ser escutado. Se sentir que você nunca acolhe aquilo que ele lhe diz, ele pode preferir se calar e transmitir veladamente sua irritação, de maneira agressiva-passiva. Mas se se libertar das garras de suas próprias expectativas, respirar fundo e se tornar receptiva ao que o seu marido vai dizer, você pode escutá-lo a partir de um lugar de entrega. Escutar a partir de um lugar de entrega requer abrandar o coração, renunciar às próprias expectativas e ouvir com ouvidos inocentes. Você lhe concederá então o direito a ter suas próprias opiniões e sentimentos. E poderá receber aquilo que ele diz sem defesas, sem resistência. Você estará permitindo que ele seja ouvido, e ser ouvido é tudo o que uma pessoa precisa para sair de um estado de irritação. Nessa situação, você e seu marido podem despir a armadura e renunciar à atitude defensiva.

Escutar a partir de um lugar de entrega é renunciar por um dado período de tempo a todos os julgamentos pessoais. Você rejeita a idéia de que tem razão e à crença de que sabe o que o outro vai dizer. Você entra então num lugar calmo, tem acesso a uma concepção mais ampla do Universo, reconhecendo que aquilo que acontece com o seu parceiro pode não ter caráter pessoal. Isso oferece a ele a liberdade de comunicar-se sem restrições. Mas quando resiste a escutar a verdade dele, você permanece presa, apegada à própria coisa de que queria se ver livre.

O PODER DA ENTREGA

Quando nos entregamos, dizemos: "É isto que a vida está me oferecendo no momento presente. E ainda que eu preferisse que fosse de outra maneira, permitirei que seja tal como é." Renunciamos ao nosso apego a uma dada idéia de como desejamos que seja a nossa vida e o nosso parceiro. Quando apegados a alguma coisa, resistimos a todo desfecho diferente daquele que queremos, bem como a todo comportamento ou sentimento que não se enquadre na idéia que fazemos das coisas. Sempre que se manifesta algo que destoe do que esperamos, a resistência vem como um acompanhamento necessário. E buscamos de imediato alterar as circunstâncias para fazê-las conformar-se à realidade que desejamos que exista — e quando não podemos fazê-lo, ficamos irritados, ressentidos, frustrados ou entristecidos.

No estado sagrado de entrega, podemos nos desapegar do desfecho das situações. A fim de entrar nesse estado sagrado, temos de afirmar a todo momento a perfeição do Universo. Temos de nos lembrar de que existe uma ordem divina e de que tudo é exatamente como foi projetado para ser. Quando nos vemos resistindo, controlando ou nos apegando, temos de respirar fundo e afirmar, a cada exalação, que podemos renunciar com segurança à nossa perspectiva limitada. Podemos nos desapegar do nosso casamento.

São extraordinárias as recompensas advindas da entrega. Quando renunciamos à nossa vontade, obtemos a liberdade de estar presentes ao momento e somente quando estamos presentes ao momento podemos ver todas as nossas opções — mesmo as que podem ter estado ocultas anteriormente. A entrega nos proporciona a dádiva da paz de espírito e da confiança na benevolência do Universo.

A entrega é um ato de coragem. É um caminho divino que nos dá acesso a realidades que se acham bem além daquilo que já conhecemos. Entregar-se é reconhecer a natureza divina do Universo e afirmar que este traz no seu cerne a nossa felicidade. A entrega nos encoraja a sair do reino pessoal — a parte do nosso ser que se sente separada e sozinha — e a penetrar no reino universal, em que estamos todos interligados.

Ainda que sejamos peculiarmente distintos uns dos outros em nossa expressão exterior, no mundo interior somos bastante assemelhados. Ainda que tenhamos a impressão de estar sozinhos, há uma outra realidade na qual somos todos parte de um todo mais amplo. A separatividade que percebemos é uma ilusão. É uma piada cósmica que nos induz a crer erroneamente que eu e você somos seres independentes, que as minhas ações são minhas e as suas, suas.

Pare por um momento e considere a possibilidade de que a nossa separação uns dos outros não passa de ilusão. E se na realidade somos todos interligados? Ainda iríamos tentar fazer as coisas ser à nossa maneira à custa das maneiras alheias? Tomaríamos de maneira tão pessoal todas as coisas ditas e as não-ditas? Seria a autodeterminação o nosso guia para a paz e a satisfação?

UMA PERSPECTIVA MAIS AMPLA

O Yoga Vasistha, um antigo texto hindu, descreve as pessoas como muito parecidas com o oceano. Quando contemplamos o oceano, vemos incontáveis ondas — sendo cada uma delas uma expressão diferente no âmbito de um imenso corpo aquoso. Imagine cada ondulação, cada onda, pensando que existe separadamente das outras. Uma onda grande pode temer que é grande demais e uma onda pequena pode sofrer por causa da crença de que é excessivamente pequena. Uma onda pode supor que é muito quente e outra pensar que é fria em demasia. Como se consideram separadas do oceano e umas das outras, cada onda, cada ondulação, cada corrente, teme o fim de sua existência ao se chocar com a praia.

Reserve agora um momento e represente cada onda tentando desesperadamente fazer o oceano seguir a direção que ela deseja que siga. Imagine que toda vez que uma onda se mistura por acaso com outra, ou faz que a outra se arrebente na praia, a onda atingida abra um processo contra a outra ou se retraia, recusando-se a voltar ao oceano. Imagine duas belas ondas se unindo e dando origem a três formosas ondinhas. Com o passar do tempo, a mudança da maré leva essas duas ondas a se mover em direções contrárias — e se, em vez de apoiar as ondinhas para que venham a se tornar mais fortes, mais volumosas e mais independentes, as ondas maiores esguichassem e se chocassem uma com a outra? Imagine que cada onda se preocupe exclusivamente em levar consigo as ondinhas. Pense no que seria a vida no oceano se cada onda concebesse a si mesma como separada das outras e usasse a sua vontade em benefício próprio. Que situação se instalaria se cada onda se levasse demasiado a sério e tomasse como pessoais todas as ações das outras ondas? O que seria do oceano se todas as ondas parassem de seguir o fluxo natural da maré? O que aconteceria se toda vez que os ventos mudassem e começassem a mover a água em outra direção, todas as ondas se revoltassem?

Quando se contempla o oceano, é quase impossível ver cada onda como uma entidade autárquica; vemos naturalmente tudo contido nesse corpo aquoso porque nos ensinaram a vê-lo dessa maneira. Para alcançar a cura, temos de perceber que somos como as ondas do oceano. Pode-se ter a impressão de que somos seres autárquicos, porque foi isso que disseram à maioria de nós. Contudo, tal como cada onda que se choca contra a praia, em última análise voltaremos a nos dissolver na mente universal, religando-nos à energia coletiva do Universo.

Ver que é parte de um todo mais amplo permite-lhe ter de si uma vivência que transcende o ego, transcende os interesses pessoais, transcende as concepções limitadas que você tem de sua vida e do mundo. Ter uma perspectiva mais ampla possibilita-lhe perceber a enormidade de sua verdadeira natureza e lança você no reino universal. Quando se dá conta da vastidão de seu próprio ser — todo o oceano em vez de uma onda separada —, você volta a confiar na magnificência do Universo. Confiar é a chave que lhe propicia entregar a sua vontade a essa verdade.

TRANSCENDER O EGO

Para voltar a confiar, temos de examinar a ordem natural da vida. Só desse modo podemos transcender o ego. O ego constitui um importante aspecto do nosso ser, mas temos de nos recordar que o trabalho dele é nos tornar peculiarmente o ser que somos, marcar-nos como indivíduos separados. A definição do ego é "eu", que se diferencia de "outro". *Eu, mim* e *meu/minha* constituem, todos eles, o eu. Nosso ego trava uma luta sem quartel para manter o controle, sempre tentando as coisas em termos pessoais e sempre tentando recriar algum ideal ou imagem do passado. É o ego que nos lembra sem cessar de todas as maneiras pelas quais o nosso parceiro nos magoou ou conduziu na direção errada. E o nosso ego se apressa a expor os enganos e as indiscrições do nosso parceiro. Presos na armadilha do nosso ego, estamos fadados a repetir indefinidamente os nossos erros e limitações. Quem tem a mente tomada pela tagarelice negativa enrijecida do ego pode atestar que essa situação se assemelha a uma forma involuntária de tortura auto-infligida.

Para o ego, entregar-se é uma tarefa difícil. Ao ver do nosso ego fundado no medo, a entrega é um erro. Numa sociedade em que todos lutam desesperadamente para ser diferentes, independentes e fortes, a entrega costuma ser considerada sinal de fraqueza ou de estupidez. Ensinam-nos a ficar de pé e lutar, a ter razão a todo custo. Dizem-nos que os líderes são fortes e os seguidores, fracos. Aprendemos a desconfiar dos outros e passamos a crer que, se não lutarmos, poderemos não obter uma quantidade suficiente de amor, de dinheiro ou de tempo para dedicar aos filhos.

A reação "lutar-ou-fugir" é a resposta inicial do ego: "Vou atacá-lo ou me afastar de você." As duas atitudes são mecanismos de defesa destinados a nos impedir de penetrar o cerne do problema, o âmago do nosso sofrimento. Sem uma ação curativa, a raiva, a mágoa, a traição, o medo, a paranóia, a perda e a frustração vêm a constituir a tagarelice negativa que lhe diz sem parar que você tem razão e os outros estão errados. Você pode ouvir "Não pode ser. Não é justo. Não é isso que deve acontecer", e se empenhar, tomado pelo desespero, em reconciliar a situação em seu próprio íntimo. Ou, caso tenha iniciado a separação, pode sentir-se culpado pelo que fez. Você pode estar ouvindo: "Eu não devia ter feito isso. Veja como estão as pessoas que magoei. Eu estraguei tudo."

No interior da mente, você dá continuamente com uma barreira de expectativas não realizadas, de desilusões e de velhas contrariedades que lhe dizem: "Não foi assim que planejei a minha vida. Não devia ser assim. Com certeza não é assim que tinha de ser." Todas as concepções, vindas do passado, sobre como desejamos que a vida ou o nosso parceiro sejam dificultam a nossa entrega. Para nos proteger da dor, costumamos evitar encarar toda a verdade a nosso próprio respeito. Isso nos lança bem nas profundezas do sofrimento. O doutor Spencer Johnson, autor de *The Precious Present* [O Precioso Presente], afirmou: "O sofrimento é apenas a diferença entre o que é e o que eu queria que fosse."

ACOLHER O DESCONHECIDO

No livro campeão de vendas *The Seven Spiritual Laws of Success* [As Sete Leis Espirituais do Sucesso], Deepak Chopra escreve:

No desapego reside a sabedoria da incerteza...; na sabedoria da incerteza reside a libertação do nosso passado, do conhecido, que constituem a masmorra do condicionamento passado. E em nossa disponibilidade de adentrar o desconhecido, o campo de todas as possibilidades, entregamo-nos à mente criadora que orquestra a dança do universo.

O medo do desconhecido, o temor da privação e o receio do futuro impedem-nos de nos desapegar. Podemos crer que, se nos apegarmos com vigor ainda maior ao nosso dinheiro, aos nossos filhos, aos nossos ressentimentos ou às nossas opiniões, poderemos controlar o nosso mundo. Em épocas de trauma, é uma reação natural ter medo e apegar-se, pensando que só assim poderemos impelir o desfecho da situação na direção que mais desejamos. Não obstante, o medo — e tudo o que se refere ao controle baseia-se no medo — é a receita certa para a dor e para o sofrimento.

Uma vez que nos dispomos a nos desapegar das nossas circunstâncias, começamos a vivenciar de novo o sentimento de liberdade. O constante desgaste de ter de fazer que tudo seja "à nossa maneira" chega ao fim. O enorme peso que trazemos sobre os ombros se desmancha no ar, e começamos a ter a experiência do poder da nossa autêntica natureza. Quando paramos de tentar levar o oceano a se mover em nossa direção, vivenciamos a vida com a facilidade do surfista que navega a onda.

Desapegar-se não significa desistir de sua intenção de fazer que as coisas sejam diferentes; significa entregar os resultados ao Divino, ao Universo, a um Poder maior do que o seu, de modo que esse Poder tenha condições de orquestrar a manifestação de um plano que contribui para o bem maior de todos. O desapego se traduz em viver o momento e aceitar a incerteza do futuro.

Quando conheci Natalie, ela mal tinha acabado o mestrado e se empenhava em montar um consultório psicoterapêutico. Ela estava às voltas com o problema de nunca poder alcançar suas próprias metas financeiras. Um dia, durante uma de nossas conversas, Natalie me informou que seu ex-marido, Matthew, de quem se divorciara havia mais de onze anos, ainda pagava as contas dela. Isso me pareceu estranho: Natalie não tinha filhos e ficou muito pouco tempo casada. Senti que Natalie ficou desconcertada por ter feito essa revelação, e por isso lhe perguntei como se sentia ao aceitar dinheiro de Matthew. Ela admitiu não gostar disso, mas passava por uma situação difícil e estava convencida de que de modo algum conseguiria pagar as contas sem a ajuda de Matthew.

Nos meses seguintes, Natalie e eu examinamos seus medos com relação ao dinheiro e sua crença paralisante em sua incapacidade de viver sem a ajuda de um homem. Quando finalmente chegamos ao cerne da questão, ela se deu conta de que não tinha fé nem confiança. Acreditava que, se não conseguisse dinheiro de Matthew, terminaria por se tornar uma moradora de rua. Natalie sabia que as suas necessidades financeiras prejudicavam o ex-marido, mas sabia que ele era uma pessoa tão boa que não lhe negaria dinheiro. Aproveitar-se conscientemente de Matthew só servia para piorar seus sentimentos de pouco valor pessoal. A falta de confiança de Natalie e sua recusa a se entregar a estavam deixando presa justamente à coisa que a impedia de ser feliz.

Um dia Natalie resolveu que bastava de apego. Ela queria dar continuidade à sua vida e criar as condições para o surgimento de um novo parceiro. Ela me disse: "Quero ter Deus, em vez de um homem, como parceiro." Ela sabia que tinha de sair do casulo do ex-marido para vencer o medo de não conseguir se sustentar. Com grande apreensão, ela estabeleceu uma data, alguns meses mais tarde, ligou para Matthew e o informou de que a partir de 1º de julho ele não mais precisaria lhe enviar dinheiro.

Suando e tremendo, Natalie reconheceu o salto quântico que tinha dado, o primeiro passo na reconquista do seu poder pessoal. Quando chegou o dia 1º de julho, ela nem se deu conta de que o cheque não chegara. Estivera tão ocupada falando a colegas sobre sua clínica, construindo a sua clientela e praticando seu novo hábito de desapegar-se que se esqueceu de sua necessidade de ajuda. No ano seguinte, Natalie passou a ganhar, em seu consultório, de 26 mil a oitenta mil dólares. A partir das pequenas corridas de que participava, empenhou-se em realizar seu sonho de correr a maratona de Boston. Natalie superou a si mesma no trabalho e alcançou a liberdade pela qual tanto ansiava em todas as áreas de sua vida. Era finalmente uma mulher livre que confiava na divindade do Universo.

A entrega e o desapego impeliram Natalie a tomar posse de seu poder pessoal. Numa carta que escreveu, disse: "Uma vez que me entreguei e me desapeguei das minhas crenças infantis, descobri minha força pessoal. Agora conheço a Deus." A entrega lhe permitira confiar no fluxo natural do Universo e a resgatar o seu poder autêntico, o que abriu para ela todo um novo mundo de possibilidades.

CONFIAR NO PROCESSO

O divórcio é um processo de desapego. Para alguns, esse processo acontece no primeiro ano de divórcio; para outras pessoas, leva mais tempo para se instalar. O Universo está presente, orientando-nos;

e se lhe dermos a permissão, nada vai nos faltar. Se nos desviarmos dessa verdade, viveremos sempre no medo, apegando-nos a tudo aquilo que, a nosso ver, nos traz segurança.

Meu amigo Gerhard compara o divórcio às suas aventuras marítimas. Um dia, ele resolveu navegar da terra que conhecia até uma ilhota distante. Durante algumas horas, sempre que olhava para trás, Gerhard conseguia ver a terra que deixara. Porém quanto mais navegava, tanto mais a sua terra natal se reduzia, até que se desvaneceu no oceano distante. Agora ele já não podia ver o lugar que deixara, e a ilha rumo à qual velejava ainda não era visível. Sentindo-se perdido, Gerhard olhou para a água em busca de orientação. Tinham-lhe ensinado que, em vez de olhar para o lugar perdido na distância, devia olhar para a água. Olhando para a água, você sabe que o barco está se movendo e você está avançando em seu caminho.

Quando se concentra em demasia no resultado, você pode entrar em pânico e não se dar conta de que avança passo a passo. Tendo se afastado da segurança do seu passado e sem ter o seu futuro visível no horizonte, você pode vivenciar uma profunda solidão e sentir-se perdido, flutuar num mar de sentimentos turbulentos. Da mesma maneira, quando se desapega do mundo exterior, você renuncia à autodeterminação e à sua própria vontade. O desapego é um estado de fluxo sem esforço. É um lugar no qual a incerteza e o desconhecido praticam juntos uma graciosa dança. É um lugar no qual você pode encontrar a paz no perfeitamente imperfeito.

Sabemos pelas palavras de todos os grandes sábios que somos uma espécie projetada de modo perfeito e que a paz e a satisfação nos pertencem por direito. O mundo exterior é o nosso bloco de desenho, o nosso parque de diversões, e se não gostamos de sua aparência ou natureza, podemos recomeçar o desenho. Todas as posses exteriores são temporárias, sejam elas o amor do nosso parceiro, a nossa casa, a nossa posição social ou a nossa carreira. Enquanto nos mantivermos apegados, seremos escravos, meros prisioneiros dos nossos desejos e reféns daquilo que temos por importante. Estaremos algemados a tudo aquilo a que estivermos apegados, arrastando nossos desejos e aversões por onde quer que passemos.

Somente quando podemos nos entregar e nos desapegar do desfecho das situações temos condições de nos alinhar com o bem maior da nossa alma. Então, quando a maré muda, seguindo uma direção desconhecida, permanecemos firmes e fortes, arraigados no conhecimento de que, por mais turbulenta que seja a onda, podemos fluir de volta ao calor e ao acolhimento do oceano. É então que descobrimos a paz e a satisfação que habitam o âmago do nosso ser. Fruímos a segurança de saber que tudo aquilo de que precisamos para realizar o nosso potencial está bem aqui dentro de nós. Ter fé e confiança no fato de sermos parte desse todo mais amplo nos capacita a nos entregar. A nossa confiança no Universo é uma plataforma de estabilidade que nos sustém os pés. Ela nos deixa banhados na sabedoria de que a nossa vida se desenrola tal como deve se desenrolar e de que o Universo tem um plano para cada um de nós. Quando nos entregamos, renunciamos à nossa resistência ao que ocorre na nossa vida. A entrega é o sinal último de força, constituindo o fundamento de uma vida espiritual.

Entregar-se é um ato que afirma que já não desejamos viver na dor. Exprime um desejo profundo de transcender as nossas batalhas e de transformar as nossas emoções negativas. A entrega traz consigo uma vida que está além do ego, além da parte do nosso ser que nos lembra continuamente de que somos separados, diferentes e solitários. A entrega permite que retornemos à nossa verdadeira natureza e nos movimentemos sem esforço pela dança cósmica chamada vida. Trata-se de uma afirmação eloqüente que proclama a ordem perfeita do Universo.

Quando renuncia à sua vontade, você está dizendo: "Ainda que as coisas não sejam exatamente como eu gostaria que fossem, vou enfrentar a minha realidade de peito aberto. Vou olhar dentro dos seus olhos e permitir que ela esteja presente." Entrega e serenidade são sinônimos; não podemos vivenciar uma sem a outra. Logo, se for serenidade o que você procura, ela está bem ao alcance das mãos. Tudo o que você precisa fazer é se demitir do cargo de Gerente Geral do Universo. Faça a opção por crer que existe um plano mais amplo para você e que, se você se entregar, esse plano vai se manifestar no momento certo.

A entrega é uma dádiva que você pode conceder a si mesmo. É um ato de fé. É afirmar que, mesmo não podendo ver para onde flui o rio, confio que ele vai me levar na direção certa.

PASSOS DA AÇÃO DE CURA

É importante que você faça esses exercícios dando-lhes total atenção. Todas as respostas de que você precisa estão em seu íntimo; você só precisa se aquietar o bastante para ouvi-las. Dê a si mesmo um período de tempo não-delimitado e entregue-se por inteiro ao processo. Talvez você deseje acender algumas velas, pôr para tocar alguma música suave e criar uma atmosfera acolhedora. Mantenha por perto o seu diário e uma caneta.

1. Quando estiver pronto, feche os olhos e respire lenta e profundamente cinco vezes. Use a respiração para relaxar o corpo e aquietar a mente. Agora, mantendo os olhos fechados, faça a si mesmo as perguntas a seguir. Registre as respostas em seu diário.

- A que aspecto da vida estou resistindo?
- De que tenho receio?
- O que vai acontecer se eu me entregar à situação?
- Que benefícios tenho obtido da manutenção da resistência?
- Quem está se magoando?
- Que obstáculos precisam ser removidos para que eu possa me entregar?

2. O propósito deste exercício é identificar seus temores, imaginar o pior resultado possível de uma situação e descobrir o que você pode fazer para reverter a situação de modo tal que ela lhe traga forças. Prepare-se reservando um período de calma, sem interrupções, de cerca de meia hora. Tenha seu diário e uma caneta por perto. Acenda uma vela e faça uma oração pedindo a coragem de enfrentar os seus piores medos. Agora respire lenta, profunda e concentradamente três vezes, inalando pelo nariz e exalando pela boca. Quando estiver calmo e relaxado, faça a si mesmo as perguntas a seguir, escolhendo uma situação de cada vez.

- Qual o meu pior receio com respeito ao que está sucedendo na minha vida neste período?
- Tendo eu esse receio, qual o pior desfecho possível que pode vir a acontecer?

3. Faça uma relação dos seus piores medos sem elaborar o que lhe ocorrer. Examinando o pior desfecho possível, imagine que aconteceu aquilo que você temia. Faça agora a si mesmo as seguintes perguntas:

- Agora que isso aconteceu, de que preciso para ser feliz?
- Que passos necessito dar?
- Com quem preciso entrar em contato?
- Para onde necessito ir?
- O que preciso mudar?

Quando podemos ficar em paz diante do pior resultado possível, estamos libertos.

4. Faça uma relação de todas as coisas que lhe causam desagrado no processo de separação.

5. Escreva uma nova versão da história do seu divórcio na qual você exagera os fatos e os seus sentimentos, tornando-os cinqüenta vezes piores do que são.

A LEI DA
ORIENTAÇÃO DIVINA

○ Capítulo Quatro ○

VOCÊ NÃO ESTÁ SÓ

*Você não pode ver o anjo, assim como não pode ver o ar.
Não pode ver o meu amor por você, mas ele se acha em todo lugar.*

ANÔNIMO

A Lei da Orientação Divina mostra-lhe que Deus fará por você o que você mesmo não pode fazer. Tendo você entregue o seu diminuto ego ao plano mais amplo da orientação divina, as defesas que usou para proteger-se do seu ex-cônjuge já não serão necessárias. Quando finalmente renunciamos à nossa concepção de como as coisas deveriam ser, tornamo-nos disponíveis ao surgimento de uma nova realidade. Diante da presença da orientação divina, tornamo-nos humildes; o nosso orgulho é substituído pela receptividade e pela disposição de aprender. Essa humildade é o portal pelo qual o Divino pode entrar em nossa vida. Sem humildade, acreditamos poder fazer isso pessoalmente. Sem humildade, o nosso falso sentido de orgulho, de ego, nos proíbe de ver com clareza a situação como um todo. Nosso ego permanece no controle até abandonarmos a crença rígida de que somos seres independentes e apartados uns dos outros. Enquanto esse mito se mantiver intacto, conservamos fechada a porta que leva à nossa sabedoria mais elevada.

Mesmo que não pareça, o divórcio é uma oportunidade de parar e contar com o Criador Divino. A meditação e a oração aquietam a nossa mente, abrandam as nossas emoções e nos apóiam em nossa volta à esperança e à excitação que tínhamos quando crianças. As emoções negativas vêm para nos lembrar de que saímos desse lugar de inocência e mergulhamos numa nuvem de medo. Os nossos temores são constituídos pela nossa raiva, pelo nosso sofrimento, pelas nossas preocupações, pelos nossos ressentimentos e pela nossa angústia emocional, ao passo que a nossa fé se compõe de esperança, possibilidade, confiança e pela crença interior na benevolência do Universo. Medo e fé não podem coexistir. O medo nos torna retraídos, ao passo que a fé nos torna receptivos.

Quando temos fé, sabemos que, mesmo sem podermos ver a luz ou o bem neste momento, eles vão aparecer. A fé nos permite ver que há algo fora de nós que vai nos guiar e apoiar. A fé abre a porta para novas compreensões e modos de ver as coisas, e nos dá acesso à sabedoria dos séculos.

No meio da minha separação de Dan, minha irmã, Arielle, apareceu para ver como eu estava me saindo. Eu estava imersa numa das minhas crises emocionais — sentia-me desorientada, solitária e aterrorizada com a possibilidade de não conseguir levar a vida sozinha. Arielle pediu que eu me sentasse e fechasse os olhos. E então me perguntou: "De que você tem medo?" Repeti essas perguntas várias vezes na mente. Dentro de pouco tempo vi-me tomada pela sensação de que estava completamente sozinha e de que não havia ninguém para me ajudar. Naquele momento, senti todos os outros momentos da minha vida em que fora deixada só e sofrendo. Tive a impressão de que uma faca estava golpeando uma ferida aberta no meu peito. Eu mal podia respirar. A minha tristeza era tão profunda que me deixava cega para quaisquer outras realidades. O meu maior temor viera à superfície. Eu acreditava que ficaria eternamente paralisada nas sensações de vazio, de sofrimento, evocadas pela minha solidão.

Arielle aconchegou minha cabeça em seu peito enquanto eu chorava, permitindo que a minha tristeza se exprimisse. Ela me disse então que o medo não passa de esquecimento do fato de que tudo está bem. Ela me lembrou de que, mesmo nesse momento de desespero, havia ali conosco uma Presença Divina. Se queria ajuda, tudo o que eu precisava fazer era fechar os olhos e pedir. Ficamos sentadas lado a lado por alguns instantes, e rezamos para que eu voltasse a encontrar a minha fé — para que eu passasse por uma mudança de consciência de tal intensidade que eu viesse a saber que nunca estivera sozinha e de que jamais o ficaria. Tudo o que eu precisava fazer, em todo e qualquer momento, era me lembrar de que essa Presença está comigo. Percebi instantaneamente que, a despeito das aparências externas, eu nunca tivera de caminhar sozinha.

A separação do nosso parceiro expõe o nosso vazio interior. A maioria de nós julgava que o casamento nos completaria. E agora, quando a nossa união se rompe, vemo-nos incompletos, perdidos, sozinhos, tornados imperfeitos e confusos. Cremos que as nossas lágrimas de tristeza, nossos muros de resignação e nossas exclamações de dor são causados pelo colapso do nosso casamento, mas estão envolvidas aí mais coisas do que percebemos. Boa parte do nosso sofrimento decorre do fato de estarmos desvinculados não só do nosso parceiro como da nossa Divina Mãe, do nosso Criador.

Sarah durante anos dependera do marido no tocante ao seu bem-estar emocional e espiritual. Quando a conheci, sua separação do homem que ela considerara o amor de sua vida já fazia doze meses. Havia muitos dias em que Sarah era consumida por sua solidão. Sentindo-se incompleta e solitária, ela sofria surtos de depressão que costumavam durar semanas.

O desespero fez Sarah procurar ajuda, voltar a freqüentar a igreja e passar horas lendo livros de auto-ajuda. No nível consciente, ela sabia que havia em algum lugar uma força capaz de ajudá-la, dado que, no decorrer daquele período de trevas, vivenciara alguns dias e horas em que se sentira esperançosa e segura. Mas Sarah parecia não saber como manter as boas sensações. Vivia presa em sua tagarelice interior negativa, que lhe dizia repetidas vezes que ela era a culpada pelo fim do casamento e que se tivesse dado mais atenção ao marido e feito as coisas que ele pedira, ela ainda teria aquilo de que mais gostava na vida. Esse seu diálogo interior negativo a impedia de ter acesso ao poder maior capaz de ajudá-la. Mesmo que tivesse momentos de clareza, Sarah voltava inevitavelmente a cair na armadilha de seu ego desconectado e descontente.

Quando perguntei a Sarah o que inspirara sua sensação de esperança e de paz, ela percebeu que essa sensação surgira quando algo ou alguém a lembrara de que ela estava tentando fazer tudo sozinha — estava tentando fazer o barco navegar na direção que desejava mas tinha deixado a tripulação no porto, em vez de levar consigo a ajuda de que carecia. Sarah só precisava de suaves lembretes para se recordar de que não estava encarregada de fazer o barco navegar e de que não tinha de fazê-lo flutuar sozinha. Se desejava que toda a equipe de apoio fosse em sua ajuda, tudo o de que precisava era deixar a mente ocupada por orações — e seria elevada da dor da depressão para a luz da esperança.

O divórcio nos lança de volta na carapaça pequena e quebrada do nosso ego. Mas para obtermos uma cura completa e total, temos de descobrir o caminho de volta aos braços do Divino. Para vivenciar no nível mais profundo a nossa natureza divina, temos de parar de ouvir o rumor da tagarelice interior que ocupa a nossa mente. Rama Berch, diretor da Master Yoga Academy, disse-me uma vez: "Não deixo que a minha mente tenha um único pensamento sem a minha permissão." Temos de nos lembrar de que esse diálogo interior negativo não somos nós, e de que somente nós mesmos temos o poder de decidir parar de escutá-lo.

Quando reconhecemos que estamos prisioneiros da pequena voz do nosso ego, podemos parar por um momento, fechar os olhos, respirar lenta e bem profundamente e transferir os nossos pensamentos para um plano de consciência mais elevado. Temos de fazer a luz do nosso eu superior se sobrepor à tagarelice negativa do nosso eu inferior dizendo, em voz alta: "Não vou mais gastar meu tempo e minha energia escutando a dúvida, o medo e a autocondenação." Temos de afirmar que esse diálogo interior negativo não reflete a parte do nosso ser que está vinculada com Deus ou com uma força superior, mas que é antes a voz da parte de nós que é apartada, solitária e magoada. Uma vez que compreendamos que não temos de dar ouvidos às nossas dúvidas e temores, podemos nos tornar receptivos à Lei da Orientação Divina, lei que afirma que Deus fará por nós o que nós mesmos não podemos fazer, e que o nosso ego vai permanecer no comando enquanto não deixarmos de lado a crença inflexível de que somos seres independentes e separados.

Quando nos lembramos de que não estamos sozinhos, podemos confiar que, se nos desapegarmos do nosso parceiro, haverá alguma coisa superior na qual nos apoiar. Mesmo que a sua tenha sido a principal contribuição para o fracasso do seu casamento, você ainda merece alcançar a cura e a religação com o seu poder superior. Muitos de nós aprenderam que, se formos pessoas boas, Deus cuidará de nós, mas que, se não o formos, ele não o fará. Isso é mentira. Deus está sempre esperando que você renuncie à sua vontade e à sua separatividade de modo que ele possa caminhar ao seu lado e não atrás de você.

CONHECER DEUS

O Deus de que falo não é uma presença onipotente que está fora de nós, mas uma força universal que habita o cerne do nosso ser, vinculando-nos com tudo o que existe e com tudo o que virá a existir. Trata-se de uma energia que a tudo abrange, energia poderosa e sábia, uma força que muitas vezes recebe designações como espírito, amor, consciência universal, ordem divina ou natureza. Essa força é conhecida por muitos nomes, e muitos são os caminhos que levam você ao Deus-presença-interior. Para começar a caminhar, você só precisa de um desejo honesto de conhecer Deus e de ser receptivo a ser conduzido por essa força à ação correta.

Em seu livro *The Power of Constructive Thinking* [O Poder do Pensamento Construtivo], Emmett Fox nos ensina que Deus é o nosso próprio conhecimento da verdade e de que o conhecimento da verdade constitui em si mesmo a Presença de Deus. Mas ele não se refere ao conhecimento intelectual — fala da experiência real de Deus. Não se trata de um saber da mente, mas de uma experiência do coração. Nosso conhecimento intelectual de Deus muitas vezes nos impede de ter a experiência de Deus, dado que conhecer com a mente na verdade limita a possibilidade de algo mais grandioso.

No estágio em que estamos nos recuperando do sofrimento advindo da separação, não surpreende que só desejemos confiar naquilo que podemos ver. Depositamos a nossa confiança na mente porque o nosso coração está muito magoado. Mas o conhecimento intelectual pode fechar a porta a outras possibilidades e nos deixar limitados a uma dada realidade, evitando que qualquer coisa nova apareça. Para superar a mágoa, precisamos vivenciar o Divino num plano que transcende o intelecto. Temos de confiar que somos mais do que as nossas dúvidas, do que os nossos temores, do que os nossos pensamentos negativos. Somos mais do que a confusa mistura de sentimentos que podemos estar vivenciando neste momento.

Quando nos dispomos a fazer uma jornada que vai além daquilo que temos certeza de conhecer, rendemo-nos àquilo que os budistas chamam de "mente do iniciante". Trata-se do estado da criança inocente, o estado de maravilhamento em que vivíamos antes de desenvolvermos crenças estabelecidas acerca do mundo. A fim de retornar a esse lugar de inocência, cumpre renunciar ao que sabemos e nos desapegar dos nossos julgamentos e crenças. Temos de nos dispor a viver na incerteza, sem saber quem somos e quem Deus é. Só então nos tornamos receptivos e podemos deixar de lado a cabeça e assumir o coração.

No começo do meu processo de divórcio, eu estava certa de que Dan iria querer tirar o meu filho de mim. Ainda que não tivesse nada que sustentasse esse pensamento, toda vez que me sentia assustada e sozinha eu ficava obcecada com a possibilidade de uma batalha pela guarda. Depois de algumas conversas com uma amiga, Rachel, percebi que o meu temor de perder Beau, a única pessoa a quem eu amava e à qual podia me apegar naquele momento, estava sendo expresso por meio da minha obsessão. Cada vez que eu pensava na possibilidade de Dan tirar Beau de mim, meu coração disparava e a tristeza se apossava de mim. Pouco importava o que me dissessem, eu sofria sozinha à noite com os meus pensamentos negativos.

Depois de semanas em que mergulhei cada vez mais profundamente na tristeza, lembrei-me de pedir orientação. Mesmo sabendo e acreditando que podia ser ajudada pela minha força superior, eu parecia me esquecer disso sempre que me via acossada pelos meus receios. Por isso, peguei um bloco de lembretes amarelos autocolantes e comecei a escrever em todos eles, "Deus me ama e me protege". Tendo distribuído os lembretes por todos os cômodos da casa, comecei a colocá-los em toda parte para não me esquecer. Coloquei na bolsa e no carro, e sempre que me vinha à mente a idéia de que Dan fosse tirar Beau de mim, eu respirava fundo e me fazia voltar ao estado da mente do iniciante. Eu me recordava de que não sabia o que a vida me reservava e de que só podia controlar o meu próprio comportamento — e de ninguém mais. Então afirmava em voz alta que Deus me ama e me protege. Eu repetia essas palavras vezes sem conta até começar a me sentir um pouco aliviada.

Depois de semanas de cultivo de uma atitude de não-saber e de receptividade ao amor e à proteção divinos, senti o medo se desfazer.

Examinando retrospectivamente a situação, posso perceber que nada havia de real em meus temores sobre a possibilidade de Dan me tirar Beau. Era só a minha mente jogando comigo. Eu sempre tivera a opção de entrar nesse jogo ou me libertar da mente para viver numa realidade de paz e de segurança.

CONVIDAR A AJUDA

A cura vem quando se tem a coragem e a humildade de pedir ajuda — trata-se de um ato de fé. Ter fé é provavelmente um dos mais difíceis estados a alcançar quando se está tomado pela desilusão, pela angústia, pela raiva ou pelo arrependimento. Nesses momentos, precisamos ter a fé de que voltaremos a ter fé. Necessitamos nos lembrar de épocas da nossa vida nas quais tivemos fé e nas quais a fé nos fez seguir em frente.

A fé é um estado de confiança total. Ela nos proporciona o conhecimento de que estamos todos vinculados uns aos outros e guiados por uma inteligência suprema que em última análise tem em mente os nossos melhores interesses. A fé nos permite retornar a um autêntico espaço de poder no qual confiamos que a nossa vida vai ter um andamento positivo. A fé deixa bem para trás a barreira de medo que nos impede de viver com um coração receptivo. Ter fé é crer sem sombra de dúvida que o universo é bom. É ela que cria as condições para que surjam em nossa vida anjos e milagres.

Ouvi certa feita a história de uma mãe solteira de quatro filhos chamada Julie. O marido dela simplesmente desaparecera da vida da família, deixando-a sem nenhum recurso financeiro. Como sabia que tinha de conseguir um emprego, numa fria manhã de inverno Julie pôs a sua melhor roupa e acomodou a família na camioneta. Os cinco foram a todas as fábricas, lojas e restaurantes de sua pequena cidade. Nada! As crianças ficavam amontoadas no carro, fazendo o máximo que podiam para se manter quietas, enquanto Julie tentava desesperadamente convencer patrão após patrão de que estava disposta a aprender ou fazer qualquer coisa. Passaram-se dias e nada aparecia. O último lugar em que Julie tentou conseguir uma vaga era um posto de parada de caminhões. A proprietária, uma senhora de nome Granny, contratou Julie para ser garçonete durante um dos períodos de funcionamento do posto. Julie iria trabalhar das onze da noite às sete da manhã, ganhando 4,65 dólares por hora mais gorjetas. Granny lhe disse que ela podia começar imediatamente.

Julie correu para casa e chamou a vizinha adolescente que tomava conta dos filhos dela. Prometeu à garota que as crianças já estariam dormindo quando ela chegasse e que ela podia dormir no sofá. A garota achou bom o acordo e aceitou. Naquela noite, quando Julie e as crianças se ajoelharam para fazer as suas orações, todos agradeceram a Deus por ter conseguido um emprego para Mamãe. E Julie se foi para começar seu trabalho no Big Wheel Truck Stop. Apesar das dificuldades, Julie agradeceu a Deus por ter um teto para abrigar a família, alimento para comer, roupas para aquecê-los e, o que era mais importante, amor no coração.

Quando os pneus de seu velho carro começaram a ficar desgastados, Julie tinha de enchê-los toda noite antes de ir para o trabalho e toda manhã antes de voltar para casa. Numa sombria manhã de outono, Julie dirigiu-se ao carro para ir embora e, para a sua completa surpresa, encontrou quatro pneus no banco traseiro. Ela entrou em êxtase. "Pneus novos!" — ela exclamou em voz tão alta que todos no estacionamento se viraram para olhar. Não havia nenhum bilhete, indicação alguma, só aqueles grandes, belos e novos pneus. Julie ficou certa de que os anjos estavam cuidando dela.

O Natal se aproximava, e Julie sabia que não teria dinheiro para comprar brinquedos para as crianças. Um dia, ela achou uma lata de tinta vermelha e começou a reparar e a pintar alguns brinquedos velhos. Ela os escondeu no porão para que Papai Noel tivesse algo a dar na manhã do Natal. E todos os dias, ao terminar as suas tarefas, ela rezava com toda a sinceridade, pedindo que os filhos tivessem um Natal de que se lembrar.

No dia de Natal, quando deixou o trabalho às seis da manhã, Julie dirigiu-se apressadamente ao carro. Esperava chegar antes de as crianças acordarem para poder pegar os brinquedos no porão e pô-los sob sua pequena árvore. Ainda estava escuro quando ela se aproximou do carro e Julie não podia enxergar direito, mas parecia haver ali algumas sombras escuras. Seria uma ilusão da noite? Havia alguma coisa diferente, mas ela não conseguia discernir.

Quando chegou ao carro, Julie espreitou por uma das janelas laterais. Seu queixo caiu de assombro. O velho e desgastado carro estava atulhado de pacotes de todas as formas e tamanhos. Ela abriu depressa a porta do motorista, entrou no carro e se ajoelhou diante do banco de trás. Estendendo a mão, ela retirou a tampa da caixa de cima; havia ali todo um conjunto de *jeans* nos tamanhos de 2 a 10. Ela olhou o interior de outra caixa: havia doces, nozes, bananas e mantimentos. Havia um presunto enorme, legumes enlatados e todo um conjunto de produtos para lavar louças e fazer limpeza. E, na última caixa, Julie encontrou três grandes caminhões de brinquedo e uma bela bonequinha.

Julie foi para casa pelas ruas vazias enquanto o sol aos poucos surgia no mais encantador dia de Natal de sua vida. Ela deu um suspiro de alívio, com a certeza de que Deus estava atendendo às suas preces. Ela chorou convulsivamente de gratidão. Quando chegou em casa, todos ainda dormiam; e ela colocou cuidadosamente todos os brinquedos sob a pequena árvore tão pouco decorada. Quando despertaram, as crianças surpreenderam Julie com lágrimas escorrendo pelo rosto. Ela não conseguia parar de chorar. Disse às crianças que Deus atendera às suas orações e instou-as a abrir todos os seus presentes. Julie observou e saboreou cada sorriso e exclamação de prazer dos filhos enquanto abriam os presentes. Ela jurou que jamais se esqueceria do júbilo no rosto dos filhos naquela preciosa manhã de Natal. A partir daquele momento, Julie teve certeza de que Deus escuta e percebeu que sem dúvida havia anjos rondando o Big Wheel Truck Stop naquele mês de dezembro.

Há anjos ao redor de todos nós agora, neste exato momento. Eles vivem do outro lado da rua, trabalham em seu escritório, patrulham o local em que você mora, ligam para você só para dizer "alô" e estão presentes quando você chora. Eles ensinam seus filhos; eles são seus filhos. Rezam por você e cuidam de você, mesmo que você possa nunca vir a saber. E a maior parte do tempo você os vê todos os dias sem reconhecê-los.

CRER EM MILAGRES

O desafio que temos a enfrentar consiste no fato de que, justo quando nos sentimos mais vulneráveis e cheios de dúvidas, nos é solicitado abrir o coração e derrubar as barreiras que nos impedem de sentir o amor e o apoio do Universo. A terceira lei espiritual nos pede que confiemos na presença da orientação divina junto a nós. Ainda que essa seja uma difícil tarefa quando fomos magoados ou traídos, é a única maneira de podermos curar o nosso coração e voltar a viver o amor. Só podemos romper as barreiras, criadas por nós mesmos, que nos impedem que vivenciemos a nós mesmos e aos outros renunciando às nossas idéias preconcebidas sobre como são a vida e o nosso parceiro.

Os milagres só podem acontecer quando somos receptivos a eles. Se temos certeza sobre como é o nosso parceiro e sobre como ele vai reagir numa dada situação, não deixamos margem para que essa pessoa reaja de outra maneira. Mas se nos desapegamos e nos tornamos receptivos à idéia de que a todo momento cada um de nós pode mudar, damos ensejo a que pessoas e circunstâncias se mostrem de outra maneira. Se estiver apegado à crença de que não pode passar bem sozinho ou de que não vai ter dinheiro suficiente para pagar as contas, você está cortando a possibilidade de ser agraciado com um milagre, tenha ele a forma de um emprego, de um empréstimo ou de uma ajuda extra do seu parceiro.

ENCONTRAR APOIO

Quando estamos prontos, o Universo nos oferece o apoio de que precisamos. Esse apoio pode assumir a forma de um livro, de um terapeuta, de um grupo, de um novo amigo ou de uma nova idéia. Tendo cultivado a fé, somos divinamente guiados exatamente para a coisa de que precisamos.

Jill se casou com 21 anos. Aos 35, descobriu que o marido, Henry, estava tendo um caso. Jill era mãe de três filhos, e à medida que o marido parecia perder o interesse por ela, ela se concentrou nas crianças. O casal se esforçou em corrigir a situação durante um ano, porém, apesar de todos os esforços de Jill para remediar as coisas, o casamento só parecia piorar.

Quando Jill solicitou a Henry que fosse embora, ele passou imediatamente a viver com a namorada. Jill se sentiu rejeitada e sem amor. Esperou durante três semanas que os amigos mútuos ligassem, mas não recebeu um único telefonema. Ela percebeu que precisava agir, pois tinha uma necessidade desesperadora de ajuda. Toda noite, depois de pôr os filhos para dormir, Jill rezava por um sinal, algo que a ajudasse a passar por aquele terrível período. Acalentava a fé de que seria levada a encontrar o apoio de que carecia.

Um dia, lendo o jornal, ela viu o seu sinal. Tinha sido marcada para a noite seguinte, numa sinagoga local, uma reunião de um grupo de apoio a pais solteiros. Jill pediu à mãe para cuidar dos filhos e foi à sua primeira reunião. Ela se surpreendeu com a vivacidade dos participantes. Os homens e as mulheres eram calorosos e acolhedores, e todos começaram a partilhar com ela experiências pessoais. O grupo se autodenominava "Os Descartados", o que fazia Jill rir e chorar ao mesmo tempo, mas ela se sentiu aliviada por ver algum humor outra vez em sua vida. Ela se tornou ativa no grupo e dentro de cinco semanas teve um encontro com um dos outros membros. Foi uma maravilha; o parceiro a achou encantadora e até riu com as suas piadas. Ela voltou a se sentir bonita e desejável.

Jill fez muitas amizades, e três anos mais tarde, ativamente envolvida com o seu grupo de apoio, conheceu David. Casaram-se e David a estimulou a perseguir o seu sonho de cursar Direito. Aos 43 anos, ela foi aprovada no exame da Ordem e é hoje advogada praticante. Rememorando os fatos, Jill se pergunta como pôde se casar com o primeiro marido. A fé e a confiança lhe abriram os olhos para a intervenção divina que lhe dera apoio para seguir em frente.

Em meio aos nossos sofrimentos, temos de declarar que mesmo que tudo ao nosso redor venha abaixo — mesmo que adoeçamos, percamos a guarda dos filhos, sejamos abandonados pelos amigos ou fiquemos sem dinheiro —, "Deus dá o frio conforme o cobertor". Ainda que não possamos ver nem sentir o amor de Deus, ele está sempre nos guiando e protegendo, e mantendo-nos firmes nessa crença, venceremos. Sofremos e sentimos toda a reviravolta causada pela separação porque permitimos que a consciência disso decaísse ao nível em que existem o medo e as limitações.

Se, em plena dor, nos recusarmos a aceitar qualquer coisa que não seja a realidade de paz, de amor e de segurança, e se nos apegarmos a essa realidade como sendo a nossa verdade, a nossa consciência será purificada e surgirão novos pensamentos. São pensamentos que nos impelem para o alto em vez de nos puxar para baixo. Eles oferecem a esperança e a possibilidade em lugar do desespero e da impotência.

AQUIETAR A MENTE

A paz só pode existir numa mente aquietada. Depois da minha separação de Dan, senti que a minha vida estava fugindo ao controle. Tentar sustentar a mim mesma, aceitar a idéia de ser uma mãe solteira e cuidar das tarefas diárias estavam acima das minhas forças. Vi-me reclamando constantemente do caos em que se transformara a minha vida. Terminou por me ocorrer que a salvação só viria se eu usasse a cada dia um período de tempo para entrar em contato com o meu próprio íntimo. Decidi voltar a assumir o compromisso da meditação diária. Um dia, com a mente aquietada, percebi que o caos de que me queixava estava sendo alimentado pelo meu próprio diálogo interior negativo. A meditação passou a ser o meu instrumento de resgate da minha paz interior mesmo em meio às minhas circunstâncias exteriores.

A dor do divórcio nos lança de modo mais profundo nas malhas do nosso diálogo interior negativo, trazendo à tona todas as reclamações, os julgamentos, mágoas e desilusões do passado. A tagarelice que nos ocupa incessantemente a cabeça cria o mundo em que vivemos e arraiga a realidade do nosso presente e do nosso futuro. Só quando nos damos conta de que os nossos pensamentos não passam de um ruído interior cheio de fantasia e de medo podemos transcender o nosso sofrimento e alcançar o equilíbrio emocional.

Quando meditamos, mergulhamos na imobilidade que está além dos nossos pensamentos. A prática da meditação nos leva para além da nossa mente consciente e nos dá a calma paz da orientação divina. Quando meditamos, cessa a atividade, vem a imobilidade e observamos silenciosamente os nossos pensamentos e emoções. A meta da meditação é nos religar ao nosso próprio ser ao nos desvincular dos pensamentos repetitivos automáticos que nos aprisionam ao drama e ao sofrimento do nosso divórcio.

É simples a prática da meditação. Apenas sente-se com calma e à vontade, feche os olhos e comece a respirar longa, lenta e profundamente. Respire de modo consciente, dirigindo toda a sua atenção para o movimento e para o som de sua respiração. Sinta a respiração passar pelo fundo da garganta e se encaminhar para o peito e o abdome. Continue a se concentrar no influxo e no refluxo de sua respiração; e quando a sua atenção se desviar para um pensamento, um sentimento ou uma sensação corporal, faça-a delicadamente voltar a se concentrar na respiração. No começo, é possível que o seu estado de imobilidade não dure mais do que cinco ou dez minutos, mas com a prática você poderá fruir um período de trinta a quarenta minutos diários de silêncio sagrado.

Outra técnica que você pode usar para encontrar a paz de espírito em meio ao caos é a que recebe do meu amigo e mestre Sarano Kelly o nome de "cair na imobilidade". Essa prática requer que você reserve um ou dois minutos para cair na imobilidade, para se religar ao seu eu superior, de modo a ter mais consciência de suas próprias ações e aprimorar a sua capacidade de fazer opções. Antes de pegar o fone para falar com o seu ex-parceiro, antes de ir discutir serviços advocatícios de mediação, antes de apanhar as crianças na escola, antes de pagar as contas — quando quer que você sinta *stress* — desligue-se por completo. Permita que as coisas se dissolvam na terra.

A nossa paz interior só é restaurada quando aprendemos a transcender o diálogo permanente que fica matraqueando na nossa cabeça. Quando a mente está aquietada, completamente imóvel, não existem problemas nem sofrimentos.

O PODER DA ORAÇÃO

A oração eleva a consciência e cura o coração. Quando o nosso coração se acha pleno de esperança, de fé e de confiança, irradiamos uma confiança que afeta todos os aspectos da nossa vida. A oração é o instrumento que nos apóia na ascensão da nossa consciência a um nível espiritual em que os nossos problemas desaparecem. Quando nos comprometemos com a prática da renovação espiritual, esforçamo-nos com vistas a atingir uma meta: a purificação da mente. Por meio da prece, livramo-nos da dúvida com relação a nós mesmos e da autocondenação, deixando espaço para que o amor, o louvor e a esperança se assenhorem da nossa consciência. Nas trevas do divórcio, a oração pode ser o nosso refúgio, proporcionando-nos a paz e a clareza de que carecemos tão desesperadamente.

Emmett Fox nos diz que devemos parar de pensar no problema, qualquer que seja ele. "A regra é pensar em Deus; e quando se pensa na dificuldade pela qual se passa, não se pensa em Deus." Tem-se de dar ativa e deliberadamente as boas-vindas a Deus no coração e na vida. Tem-se de ter fé que Deus pode se encarregar de nós e da nossa família e que ele vai fazê-lo.

No curso dos piores momentos do meu divórcio, usei a oração como maneira de nutrir a minha alma e de me levar ao bem-estar do amor de Deus. Quando abria os olhos pela manhã, eu fazia uma oração pedindo a Deus que fizesse por mim o que eu mesma não podia fazer. Sabia que, se pudesse ter um alívio das emoções negativas, teria um dia de paz, mas que, se não descobrisse um meio de transcender os meus pensamentos e sentimentos negativos, passaria mais um dia de raiva, de frustração e de medo. A oração se tornou o remédio para o meu coração partido.

Sempre que me sinto ansiosa, deprimida, assustada ou irritada, repito continuadamente uma afirmação do amor de Deus. Oro para obter a aceitação e a sabedoria de fazer as escolhas certas. O propósito da oração é alterar a consciência, e quando a usamos como tratamento espiritual, a oração elimina o nosso medo e o nosso sofrimento, substituindo-os pela fé e pela confiança.

Se você pedir ao Universo que seja seu parceiro e seu guia no caminho para a integralidade, ele não vai lhe faltar. Quando se está sofrendo, é demasiado fácil cair no padrão derrotista de sentir pena de si mesmo. Você pode até pensar que merece sentir pena de si mesmo, mas, quando reza, você é elevado acima do seu sofrimento e conduzido para a experiência da fé e da intervenção divina.

Pedir a orientação divina torna possível vivenciar a parceria universal. O passo mais difícil para a maioria das pessoas consiste em transformar Deus de um conceito na mente numa vivência do coração. Por meio da meditação, de rituais e de um trabalho de oração dedicado, podemos ser levados a uma mudança de consciência, o primeiro passo da criação de uma vida extraordinária.

PASSOS DA AÇÃO DE CURA

1. Crie em sua casa um lugar para um altar. Um altar lembra que você não está sozinho. É um lugar sagrado no qual pode rezar, meditar, escrever em seu diário, chorar ou examinar a sua própria vida. Você pode querer considerá-lo um "lugar santo" e tratá-lo como tal. Pode instalá-lo em seu dormitório ou em qualquer outro espaço da sua re-

sidência. De modo geral, cria-se o altar gradativamente, adicionando itens que inspirem você e evoquem imagens de amor e de compaixão. No meu altar, tenho estampas de muitos santos. Mantenho nele uma foto de meu filho e de todos os outros membros da família que amo. Você pode querer adicionar uma foto sua de quando criança ou adulto. Essa foto tem de ser de algum momento em que você se sentia feliz ou contente. Você pode colocar uma bela echarpe ou algum outro tecido como base de seu altar. Decore-o com figuras, velas ou outros itens que lhe tragam conforto. Inclua qualquer tipo de símbolo de sua fé. Você pode querer acrescentar uma Bíblia ou um livro de orações. Se não houver nenhum livro de orações do seu agrado, crie a sua própria oração, imprima-a em algum papel especial e ponha-a em seu altar. O altar vai lhe proporcionar um lugar sereno para rezar, meditar e encontrar conforto interior.

2. Reserve todos os dias um período de tempo para meditar. Escolha um lugar na sua casa no qual você não seja perturbado. Apenas sente-se numa posição que o deixe à vontade e comece a observar sua própria respiração. Ao inalar, diga a si mesmo *Sou amado*, e, ao exalar, *Sou digno de amor*. Inspire *Estou curado* e expire *Sou íntegro*. Comece a fazer isso durante dez minutos diários e vá aos poucos aumentando o intervalo passado em silêncio.

3. Escolha uma oração para usar como a sua oração de divórcio. Use-a com a intenção de curar o coração. Se não souber uma oração, você pode utilizar alguma das que sugiro aqui ou procurar alguma na Bíblia ou num livro de orações. Recomendo enfaticamente o livro campeão de vendas de Marianne Williamson, *Illuminata*. Você pode ainda se aquietar e escrever a sua própria oração. Tendo escolhido a sua prece e a registrado por escrito, dirija-se ao seu altar, fique de pé, sentado ou ajoelhado de maneira não forçada e então repita a sua oração em voz alta ou silenciosamente ao menos cinco vezes. Encerre a sua oração dizendo: "Obrigado, Deus, por me ouvir. Sei que a minha oração está sendo atendida no mesmo momento em que a faço."

A LEI DA
RESPONSABILIDADE

~ Capítulo Cinco ~

RESPONSABILIDADE EMOCIONAL

Os únicos demônios que existem no mundo são aqueles que nos circundam o coração. É aí que a batalha deve ser travada.

MAHATMA GANDHI

A Lei da Responsabilidade nos diz que, uma vez que convidamos Deus a entrar em nossa vida e nos guiar, começamos a obter a cura. Com a ajuda e o apoio do nosso Protetor Divino, podemos encetar a jornada de exploração do nosso mundo interior. Tendo Deus ao nosso lado, obtemos a força de que precisamos para tomar posse da nossa bagagem emocional. Só podemos tomar posse desses elementos quando nos damos conta de que o nosso papel no colapso do nosso casamento foi igual ao do nosso parceiro. Mesmo que possamos não nos sentir prontos a aceitar essa tarefa, chegou a hora de voltar a concentrar a atenção em nós mesmos e parar de culpar os outros como a fonte dos nossos sofrimentos.

Quando está se separando do seu parceiro, você pode se sentir tentado a se concentrar nos erros ou limitações dele. Você acusa o ex-cônjuge porque pode recear que, se se concentrar em si mesmo, mergulhe na depressão e no arrependimento. Mas o único meio de você conseguir a cura é olhar para dentro de si mesmo. Assumir total responsabilidade pela própria vida requer enfrentar o medo que você tem. Você tem de examinar profundamente a si mesmo e considerar o seu divórcio não como causa dos seus problemas mas como sintoma de todas as suas questões emocionais não-resolvidas. Você tem de reconhecer que o seu sofrimento e os seus problemas se acham profundamente arraigados em seu íntimo. Embora a assunção de responsabilidade possa se afigurar neste momento uma tarefa monumental, não lhe restam alternativas. A Lei da Responsabilidade é o seu guia para o pórtico que se abre para a liberdade emocional.

Quando Dan e eu estávamos nos separando, fiquei ressentida e irritada com ele por me fazer passar por tanto sofrimento desnecessário. Estava convencida de que, se ele fizesse o que eu queria, os nossos problemas iriam desaparecer. Eu vivia na ilusão de que a minha dor nada tinha que ver comigo, vinculando-se por inteiro com Dan. Estava certa de que, se ele pudesse se corrigir, eu ficaria bem. Comecei a fazer a relação de todas as mudanças que fariam de Dan a pessoa que eu queria que ele fosse. Minha relação era mais ou menos a seguinte:

Dan precisa fazer terapia e tratar as suas emoções não-resolvidas.

Dan precisa renunciar ao controle e deixar que eu seja o seu mestre.

Dan precisa parar de mentir com relação ao que de fato está acontecendo no nosso casamento.

Dan precisa parar de me culpar pelos nossos problemas.

Depois de examinar a minha relação, ocorreu-me que a prescrição que eu fizera para Dan era justamente o remédio de que eu precisava para curar a mim mesma. Assim, substituí o nome de Dan por "eu", e vice-versa, e criei a seguinte relação:

Eu preciso fazer terapia e tratar as minhas emoções não-resolvidas.

Eu preciso renunciar ao controle e deixar que Dan seja o meu mestre.

Eu preciso parar de mentir com relação ao que de fato está acontecendo no nosso casamento.

Eu preciso parar de culpar Dan pelos nossos problemas.

Embora isso me deixasse possessa, tive de admitir que tinha muitas emoções não-resolvidas necessitando de cura. Olhando para além das minhas defesas, eu podia ver que tinha lutado para controlar a nossa vida porque acreditava "saber mais". Eu resistia continuamente, de todas as maneiras, à orientação de Dan. Era um pouco mais difícil para mim perceber quantas mentiras eu contara por ter me convencido de que omitir a verdade não é mentir. E, é claro, era demasiado fácil ver que eu sempre estivera com o meu dedo acusador apontado para Dan, culpando-o por tudo o que não estava dando certo na nossa vida. Eu sabia que, para me curar, era vital que eu parasse de atribuir-lhe a culpa e assumir igual responsabilidade pela dissolução do nosso casamento.

A consciência dos nossos sentimentos é fundamental para a cura do nosso coração. As nossas emoções tóxicas ficam pairando acima da nossa cabeça até aprendermos as lições que estão tentando nos dar. No começo da minha separação de Dan, os meus sentimentos se achavam fora de controle. Num instante eu estava contente e, no momento seguinte, irada. Eu me debulhava em lágrimas ao trocar fraldas ou tinha um ataque de ansiedade quando tirava a louça da mesa. Não havia nenhum motivo para eu ter esses sentimentos; eles simplesmente surgiam quando bem entendiam. Mas então uma amiga me disse gentilmente que essas emoções eram minhas, viviam dentro de mim. Nesse dia parei de culpar Dan e assumi todos os meus sentimentos negativos.

Cada vez que tinha um desses sentimentos indesejados, eu me sentava e cerrava os olhos. E agia no sentido de identificar o que exatamente estava sentindo no momento. Se me sentia triste, eu me perguntava: "Qual o motivo da minha tristeza? É a perda de um parceiro sexual? É a perda da presença do pai do meu filho em nossa casa? É a perda de segurança? É a morte de um sonho?" Identificar e reconhecer a fonte da minha tristeza constituiu o começo da minha cura.

Era comum que eu pensasse estar triste por não poder dormir com Dan. Contudo, quando me aquietava e praticava a respiração profunda, eu descobria que a minha tristeza decorria de eu estar tão distante da minha família. Eis por que é tão importante fechar os olhos e mergulhar no próprio íntimo para fazer perguntas, porque muitas vezes a cabeça nos diz uma coisa e o coração enuncia outra. Depois de descobrir e nomear a fonte da minha tristeza, eu pegava o meu diário do divórcio e começava a escrever livremente, lançando nele ao acaso os pensamentos ou sentimentos que me ocorressem. Sem pensar no que escrevia nem por que escrevia, eu me permitia escrever, purgar nas folhas de papel. Numa das páginas do diário, escrevi:

> *Hoje acordei sentindo um profundíssimo vazio interior. Com uma sensação de total fragmentação, levantei-me e tentei fingir que estava bem. Mas, verdade seja dita, eu não estou bem. Sinto-me assustada, aterrorizada com a seqüência da minha vida. Para onde vou e o que farei? Quem vai estar presente para me proteger e cuidar de mim? Cheguei por fim a pensar que essa parte da minha vida estava resolvida e que a minha solidão chegara ao fim. Mas eis-me outra vez aqui, retrocedendo a um período bem anterior ao começo do meu casamento. Agora tenho mais coisas com que me preocupar, outra boca para alimentar, outra alma de que cuidar. Estou me afogando num mar de tristeza. Para onde quer que eu olhe, vejo mais um obstáculo, mais um empecilho.*

Quando terminava de escrever no diário, eu fechava os olhos e pedia a Deus que por favor me ajudasse a obter a cura. E tentava me lembrar de outros momentos da minha vida nos quais tivera a mesma sensação. Era inevitável que esses outros momentos flutuassem na minha consciência. Era freqüente que essas lembranças me trouxessem mais sofrimento e melancolia. Quando isso acontecia, eu me deixava respirar profundamente no âmago do meu sofrimento e reconhecia esses velhos sentimentos. Então, pegava o diário outra vez e escrevia sobre as minhas outras experiências vinculadas com aquele sofrimento específico. Ao terminar, eu respirava lenta e profundamente algumas vezes, concentrando toda a atenção no sentimento em tela. Depois rezava em silêncio, pedindo a cura para o meu coração. E percebia que não poderia me curar, não poderia me sentir melhor, enquanto não me "apossasse" dos meus sentimentos e assumisse a responsabilidade tanto pelas minhas ações como pelas minhas inações.

ENTRAR NA TEMPESTADE

Tomar posse das nossas próprias emoções é a única maneira de recuperar o nosso poder e o controle da nossa própria vida. Não podemos curar o que não conseguimos sentir. Entrar na tempestade das nossas emoções turbulentas é um momento sagrado e importante da nossa vida. É nesse momento que passamos a conhecer o nosso eu mais profundo. O fato de enfrentarmos a tempestade das nossas emoções nos capacita a sentir a profundidade das nossas mágoas e a agonia do nosso coração partido. Trata-se de algo que expõe os nossos conflitos interiores e lança a dúvida sobre tudo aquilo que acreditamos acerca de nós mesmos.

O divórcio é um dos mais tenebrosos períodos da vida da maioria das pessoas. A separação do nosso parceiro afeta todos os aspectos da nossa vida e abala os fundamentos de todo o nosso ser. Inesperadamente, a mulher mais delicada pode se tornar uma megera e o homem mais generoso, começar a mentir e a esconder o quanto ganha. Mães e pais bons de repente violam todas as regras, se atrasam nas visitas aos filhos e falam mal dos ex-parceiros para ouvidos inocentes. As pessoas mais bem-intencionadas podem se tornar vingativas e se dispõem antes a gastar tudo com advogados do que sucumbir aos desejos de seu inimigo. Toda essa insanidade é sintoma das nossas feridas emocionais não-curadas. A nossa raiva, o nosso amargor, o nosso pesar, o nosso medo, a nossa culpa e a nossa vergonha fazem com que nos comportemos de maneiras que sabotam a nossa própria felicidade. Este é o momento de examinar os nossos pensamentos, as nossas crenças e os nossos juízos ao mesmo tempo que mergulhamos corajosamente no cerne do nosso sofrimento.

Marc estava às voltas com a separação da mulher com quem convivera durante sete anos quando foi freqüentar o Processo da Sombra. Ele se mostrava defensivo e irritado; mas quando lhe pedi que identificasse as suas emoções negativas, ele disse que não tinha consciência de nenhuma. Perguntei-lhe por que o seu casamento estava acabando, e ele me disse que a mulher o terminara quando descobriu que ele se encontrava com outra mulher. Pedi então a Marc que fechasse os olhos e perguntasse a si mesmo: "Que tipo de pessoa enganaria a esposa?" A palavra que aflorou em sua mente e saiu de sua boca foi *traidor*. Perguntei-lhe em seguida como ele se sentia quando eu dizia as palavras "Marc, você é um traidor". Ele abriu imediatamente os olhos e exclamou "Mas *não* sou um traidor. Eu tinha de conseguir uma pessoa com quem ter relações sexuais porque a minha mulher não queria ter!" Perguntei-lhe se ele achava justo culpar a esposa pelos seus casos extraconjugais, e Marc ficou simplesmente sentado ali, balançando a cabeça de vergonha. Então ele confessou calmamente que sempre detestara a palavra *traidor* por ser esse o rótulo que usara para classificar o pai enganador.

Estimulei Marc a permanecer nesse processo, explicando-lhe que, para curar-se e fazer as pazes com os próprios atos que praticara, ele teria de acolher a sensação de ser um traidor. Pedi-lhe que repetisse comigo: "Sou um traidor. Sou um traidor. Sou um traidor." Depois de repetir isso umas vinte ou trinta vezes, Marc finalmente se viu diante da agonia e do sofrimento que sentira por ter traído a mulher. Ele ficou assoberbado de culpa, de mágoa, de vergonha e de tristeza por ter ficado igual ao pai, a única pessoa que ele nunca quisera ser.

Marc teve de respirar, chorar e ficar diante de suas emoções antes de finalmente poder aceitar e acolher essa sua profunda ferida emocional. Ele culpara durante tanto tempo a mulher pela falta de desejo sexual que se enganara, passando a crer que tinha o direito de enganá-la. Depois de conseguir ficar na presença desses sentimentos — sua raiva, sua tristeza, sua sensação de perda e seu pesar —, Marc se viu diante da humildade e da vulnerabilidade de suas próprias imperfeições. Só então pôde sentir remorso e pesar por suas ações.

Entrando na tempestade de suas emoções, Marc pôde descobrir os verdadeiros sentimentos que se ocultavam sob a sua atitude defensiva. Deixando que o seu sofrimento aflorasse, ele abriu o espaço para o surgimento de novas emoções. Depois de muitas horas de contemplação, Marc decidiu que finalmente teria de enfrentar o sofrimento de sua infância e fazer as pazes com a parte de seu ser que tanto se assemelhava ao pai. Mas agora ele estava num lugar calmo e compassivo no qual podia fazer as mudanças necessárias sem magoar a si nem à mulher. Assim que encarou a verdade de seu sofrimento emocional, ele parou de acusar a mulher e assumiu a responsabilidade total e completa por suas ações e pelos sofrimentos que causara.

Para dissolver as energias conflituosas que estão na base da nossa dor, temos de senti-las e reconhecer, sem resistência nem julgamento, aquilo que sentimos ou fizemos. Ao passar diante de cada emoção, que é energia em movimento, vivenciamos uma profunda e calma paz interior. Assumir os nossos próprios sentimentos nos permite penetrar mais na imobilidade que reside em nosso íntimo. Nela, podemos começar a ver a luz em nossa escuridão e a fazer opções que nos curem, em vez de contribuir para a nossa derrocada.

VOCÊ ESTÁ DISPOSTO A SE CURAR?

As nossas emoções tóxicas — raiva, ressentimento, ciúmes, culpa e vergonha — supuram em nosso íntimo, chamando a nossa atenção. Não as podemos curar sem reconhecimento, sem amor, sem compaixão. Só na presença disso vêm elas a perder o poder que têm sobre nós. Se as deixarmos entregues a si, elas nos fazem ficar temerosos, fatigados e adoecidos. No caso de muitas pessoas, a raiva contida se traduz em depressão, paralisando-as, deixando-as incapazes de tocar a própria vida. É comum que, ao impedir a cura de emoções tóxicas, se manifeste uma sensação de resignação, de fracasso, de impotência, de falta de opção ou de controle no tocante ao nosso bem-estar emocional. O compromisso com o desapego de nossas emoções amargas é uma declaração feita ao Universo de que estamos prontos a assumir a responsabilidade pela nossa própria vida.

Há quem insista em apegar-se ao seu veneno emocional e que nada faz para livrar-se dele. Em vez de dizer que não querem fazer alguma coisa, dizem que não podem. Mas o "não posso" é uma mentira — é uma maneira irresponsável de dizer "não quero". Assumir a responsabilidade é dizer: "Eu fiz isto." Mesmo que eu não consiga perceber como fiz isso, ou por que o fiz, o próprio fato de esse problema existir na minha vida me diz que participei de sua criação.

Num de meus recentes seminários, conheci Jody, uma jovem mulher que padecia do rompimento de seu relacionamento. Antes de o seminário começar, Jody disse para quem quisesse ouvir que não obteria nenhum benefício do fim de semana, que o seminário não iria ajudá-la. Ela estava convencida de que o seu sofrimento era mais intenso do que o de todas as outras pessoas, e diferente do delas. Sempre que eu pedia que todos fechassem os olhos para fazer um exercício, lá estava Jody sentada de olhos bem abertos. Durante os intervalos, enquanto todos os outros participantes tentavam fazer as tarefas, Jody se dedicava a conversinhas quando encontrava quem a escutasse.

Ao final do terceiro dia, enquanto todos partilhavam jubilosamente suas introvisões e seu amor, Jody estava afundada na cadeira. Quando me aproximei para saber como tinha se saído, ela me disse: "Eu não falei que não iria conseguir?" Não que ela estivesse impossibilitada de consegui-lo; é que ela não assumia a responsabilidade pelo seu processo de cura e se recusava a fazer o trabalho necessário à cura. Jody esperava que a cura simplesmente acontecesse.

O primeiro passo na assunção da responsabilidade pela cura de seu sofrimento é reconhecer que esse sofrimento é seu. O segundo é resolver-se a desistir desse sofrimento. Você pode fazê-lo! Você tem de perguntar a si mesmo: "Desejo manter-me apegado a este sofrimento? Desejo passar mais uma semana, mais um mês ou mesmo toda a vida com o amargor do meu passado gravado no meu rosto? Estou disposto a mudar?"

É imperativo compreender que, para ser desencadeada com um alto grau de intensidade, uma emoção tem de estar vinculada com outra ferida existente em seu íntimo. Logo, embora haja muitas maneiras de evitar enfrentar os próprios sentimentos, muitas são as evidências de acordo com as quais em algum momento da vida um dado sentimento, se não receber o tratamento adequado, acaba por vir à superfície outra vez. Esse sentimento vai levantar a sua cabecinha feia em algum outro momento de aflição. Esse é o momento de compreender de fato o ditado: "Se correr o bicho pega, se ficar o bicho come."

IDENTIFICAR OS PRÓPRIOS SENTIMENTOS

Identificar os próprios sentimentos — tanto positivos como negativos — e desenvolver a compreensão do nosso próprio mundo emocional nos proporciona novas maneiras de nos relacionar com a nossa própria vida. Para entender a plena gama das emoções humanas, basta passar umas poucas horas com um bebê. Num instante o bebê está rindo, girando de um lado para o outro, tomado pelo júbilo; um segundo depois, esse mesmo bebê jubiloso começa a berrar como espírito mau. Então, com a mesma rapidez com a qual surgiu, a raiva desaparece, deixando o bebê em um outro estado emocional

Os bebês nos mostram inocentemente todo espectro de emoções — positivas e negativas. Revelam a natureza flexível e mutável dos nossos sentimentos. Mostram-nos a quietude da paz profunda e a volatilidade da raiva. Quando crianças, aceitamos todos os nossos sentimentos sem avaliações. Compreendemos que a expressão exterior das nossas emoções é o modo como revelamos as nossas necessidades e desejos. E só quando nos dizem que não é certo chorar, que devemos ficar quietos, que temos de parar com o berreiro, é que a plena gama das nossas emoções começa a se ocultar.

A reação negativa das pessoas mais velhas inicia o processo de tornar os nossos sentimentos coisas erradas. Ver que as nossas emoções produzem reações boas ou ruins nas pessoas a quem amamos nos leva a esconder os nossos verdadeiros sentimentos e a reprimir a nossa expressão autêntica. Chegamos a conclusões importantes, que muitas vezes permanecem conosco por toda a vida, quando decidimos que emoções podemos exprimir sem problemas e quais delas é melhor dissimular. Cedo nos vemos imersos numa massa indistinta de sentimentos, alguns dos quais irreconhecíveis para nós.

Para muitas pessoas, o surto incontrolável de emoções negativas desencadeado pela separação conjugal constitui uma experiência nova. Ouço inúmeras vezes de clientes que estão às voltas com a separação frases como "Eu não imaginava poder ficar com tanta raiva"; "Nunca pensei que pudesse odiar tanto alguém". Sejam eles raiva, ciúmes, ódio, vergonha, mortificação ou culpa, esses sentimentos têm de ser trazidos à superfície e curados. A maioria das pessoas se limita a imaginar maneiras de esconder suas emoções indesejadas, livrar-se delas ou remediá-las, em vez de examiná-las e descobrir a raiz de sua existência.

LIBERTAR-SE DE EMOÇÕES TÓXICAS

Imagine-se segurando uma garrafa de soda que foi sacudida. Se você tirar a tampa rapidamente, a soda esguicha e salpica tudo ao redor, provocando uma enorme bagunça. Mas se você pegar essa mesma garrafa, segurá-la acima de uma pia e for tirando lentamente a tampa, em vez de fazer uma grande confusão você vai conter e conservar o seu conteúdo.

De modo semelhante, as nossas emoções precisam de um recipiente seguro para ser curadas. Em momentos de aflição, quando são "sacudidos", os nossos sentimentos querem sair da garrafa. Eles procuram encontrar um meio de sair a fim de reduzir parte da pressão interna do recipiente em que se encontram. Se estivermos cheios de raiva, encontraremos coisas no mundo exterior com que nos irritar. Se estivermos tristes e deprimidos, ou criamos traumas ao nosso redor, a fim de ter desculpas para os nossos maus sentimentos, ou nos concentramos nas características negativas das outras pessoas. Enquanto não olharmos para o nosso íntimo e assumirmos a responsabilidade pela nossa contribuição para o nosso próprio divórcio, ficaremos numa busca constante de uma causa exterior para os nossos sentimentos. É por esse motivo que tem tanta importância entrar no próprio íntimo a fim de curar as nossas feridas, reservar tempo para encontrar uma maneira segura de liberar aquilo que está dentro de nós. No Sermão da Montanha, Jesus disse: "Se tornardes manifesto aquilo que trazeis em vós, aquilo que trazeis em vós vos salvará. Se não tornardes manifesto aquilo que trazeis em vós, aquilo que trazeis em vós vos destruirá."

O nosso sofrimento se acha codificado por mensagens que, quando compreendidas, nos impelem a atingir novos estados de consciência. A infelicidade, a ansiedade, o medo e a depressão são as conseqüências do fato de não se lidar com as emoções dolorosas que há em todos nós. Em vez de considerar os nossos sentimentos desagradáveis algo de que precisamos nos livrar, temos de tentar vê-los como são — guias que nos levam ao nosso próprio íntimo para podermos nos curar nos níveis mais profundos. Só aceitando a maneira exata como nos sentimos neste momento, mesmo que nos sintamos raivosos e cheios de ódio, podemos curar as nossas emoções tóxicas. Quando reservamos tempo para escutar os sentimentos que habitam o nosso interior, começamos a transformar a nossa tristeza em alegria, a nossa raiva em compaixão, o nosso medo em fé e a nossa dor em prazer.

EXTERNAR AS EMOÇÕES

Sherri tem 38 anos de idade, não tem filhos e está divorciada há quatro anos. Ela tem estado à espera do homem de seus sonhos a fim de iniciar uma família. Durante seis meses Sherri julgou ter finalmente encontrado esse homem em Josh. Os dois se conheceram por intermédio de amigos comuns, tinham a mesma origem étnica e partilhavam as mesmas crenças sobre a religião e a família. Sherri não cabia em si de satisfação, julgando ter encontrado o homem de sua vida. Mas um dia Josh parou de ligar. Sem que fosse dita uma única palavra, pararam os telefonemas, pararam os *e-mails*. Quando Sherri ligava para Josh, ele não respondia aos seus telefonemas. Ela ficou arrasada e caiu numa grave depressão.

Quando Sherri chegou à minha porta, vi uma bela mulher jovem de olhos tristes. Algo em seu íntimo tinha morrido e todo o seu rosto o revelava. Começamos a conversar e ela me narrou todos os eventos que tinham culminado com a sua visita a mim. Ela ficara dez anos casada com Allen, um alcoólatra que a maltratava verbalmente. Sherri falou de coisas que julgava ser alguns dos seus problemas, e quando perguntei como tudo terminara, ela me disse que um dia Allen ficara louco da vida e simplesmente deixara de falar com ela. Durante quase um ano, eles viveram juntos na mesma casa e ele nenhuma vez lhe dirigiu a palavra. Quando finalmente decidiu deixá-lo, ela não quisera coisa alguma dele, tendo levado somente os papéis do divórcio. Desde então ela e Allen não mais tinham falado um com o outro.

Sherri e eu ficamos sentadas em silêncio um bom tempo. E ela começou a chorar ao me contar outra história, dessa vez sobre o pai. Quando cursava o secundário, Sherri certa noite saíra com os amigos. Seu limite habitual eram as dez horas, mas, por alguma razão, naquela noite ela decidira se demorar um pouco mais. Quando ela chegou em casa à meia-noite, o pai a esperava na sala de estar escura. Em sua fúria, ele a xingou de todos os nomes feios que pôde imaginar. Depois, levantando-se, ele disse a Sherri que estava deixando de considerá-la sua filha. E a partir daquele momento, por quase seis meses, o pai se recusara a dizer a Sherri uma única palavra.

A história parecia quase inacreditável. Os três homens mais importantes da vida dela simplesmente tinham deixado de falar com ela. Quando perguntei a Sherri o que ela aprendera com essas situações, Sherri não teve o que responder. Ela apenas me lançou um olhar vazio. Muito aflita, admitiu que nunca fizera a ligação entre os três episódios. Na mente de Sherri, cada homem representava questões diferentes.

Sherri e eu nos pusemos a expor todas as emoções tóxicas que se abrigavam em seu íntimo. Reafirmei que de fato não existem acasos e que até ela aprender com esses incidentes e examinar as sensações que tinha, eles iriam continuar a acontecer. Pedi a Sherri que fechasse os olhos e respirasse fundo. Eu desejava fazê-la entrar em contato com outro sentimento além da tristeza. Foram necessárias duas semanas, mas ao final da segunda, enquanto penetrava em seu próprio íntimo e perguntava a si mesma o que sentia além da tristeza, ela finalmente entrou em contato com a sua raiva. De súbito, aquela mulher humilde e calma passou a vivenciar algumas emoções bem voláteis. Toda a raiva e irritação que ela negara por tanto tempo finalmente vieram à superfície. De início, o alvo dessas emoções foi o pai de Sherri; na quarta semana, tinha se transferido para o primeiro marido dela e, na quinta, ela foi capaz de exprimir sua raiva de Josh. Em vez de culpar a si mesma e de se sentir deprimida, ela conseguiu falar e escrever sobre uma sensação que sempre se mantivera enterrada nas profundezas do seu ser durante muitos anos.

Dei-lhe a tarefa de descobrir uma maneira de externar sua raiva de forma segura. A raiva nunca tinha sido uma emoção aceitável para as mulheres de sua família, sendo por isso terrificante para Sherri a idéia de exprimir-se em liberdade. Ela decidiu que ia tentar usar a técnica dos "golpes". No começo, ela socava travesseiros por alguns minutos e parava. Sugeri-lhe que fosse a uma loja de discos e comprasse o CD mais maldoso e repelente do Nine Inch Nails que pudesse encontrar, e que o escutasse enquanto se dedicava à prática de liberação das emoções. Demorou um pouco mais, porém um dia Sherri finalmente permitiu a si mesma soltar-se. E vieram à superfície anos de raiva, de irritação e de sofrimento. Ela continuou a praticar por mais ou menos dois meses e quanto mais liberava de modo seguro as emoções reprimidas, tanto melhor começou a se sentir.

Eu queria que Sherri aprendesse a lição contida em seu sofrimento. Um dia, ela veio me ver e disse: "Você não vai acreditar, mas na semana passada, quando deixei a sua casa, eu estava tentando me dar conta do que todos esses homens tentaram me ensinar, e me ocorreu que a lição transmitida por todos eles era a de eu amar a mim mesma."

Sherri me disse que sempre fora ruim consigo mesma e que somente naquele dia em que saíra da minha casa e entrara no carro tinha se dado conta de como vinha sendo ruim para si mesma. Naquele dia, depois de se postar diante do volante, ela fizera as coisas costumeiras. Ajustou o retrovisor a fim de ver seu próprio rosto e então ouviu mentalmente as palavras: "Como você está feia! Que motivo teria alguém para amá-la? Vá para casa e ponha alguma maquiagem." Ela começara a chorar, arrasada com a maldade de sua voz interior. Num momento de graça, Sherri percebeu que o mundo exterior estava refletindo a maneira como ela maltratava a si mesma. Ela pôde finalmente ver que os homens de sua vida, que tinham tripudiado dela, estavam tentando lhe mostrar que era ela mesma quem tripudiava de si.

Se externar as suas emoções de forma saudável, você não vai precisar maltratar a si nem ao seu parceiro. Toda emoção negada, ocultada ou suprimida assume vida própria, solapando os seus sentimentos interiores de valor e perturbando o seu estado natural de paz. Imagine-se sorvendo uma quantidade de leite estragado e que, em vez de cuspi-la, você acabe por ingeri-la. Agora, o seu estômago e tudo o que houver nele ficarão contaminados com esse sabor amargo e você vai se sentir mal. É isso o que acontece quando engolimos os nossos sentimentos. Eles apodrecem em nosso íntimo, deixando-nos irritados, frustrados, nervosos, enfraquecidos e fatigados. É importante compreender que cuspir o seu leite estragado em cima do parceiro não é a resposta, sendo antes algo que produz ainda mais toxicidade. Mas há maneiras de liberar os sentimentos negativos sem magoar pessoa alguma.

Quando eu estava às voltas com o meu divórcio, Dan muitas vezes dizia ao telefone coisas que desencadeavam a minha raiva. Eu sabia que gritar com ele só iria piorar as coisas, de modo que eu respirava fundo e lhe dizia que ligaria mais tarde. Depois de desligar, eu pegava um bastão plástico de beisebol, entrava no *closet* e golpeava alguns travesseiros. Durante alguns meses, mantive no *closet* o bastão e os travesseiros, dado que me via constantemente tão enfurecida e ressentida que mal podia pensar em outra coisa. Depois de gritar e jogar a minha raiva nos travesseiros, eu sempre me sentia aliviada. Uma calma tomava conta de mim e eu conseguia pensar com maior clareza. Eu então fazia anotações em meu diário e rezava, pedindo a Deus apoio em meu esforço para me curar sem magoar Dan nem jogar a minha raiva em Beau. Depois disso, sentindo-me calma, eu pegava o telefone e ligava para Dan a fim de retomar a conversa.

As nossas emoções tóxicas podem ter um efeito devastador nas outras pessoas, deixando feridas que podem ficar abertas por toda a vida. Se assimilarmos maneiras seguras de liberar as nossas emoções, podemos livrar a nós mesmos e aos outros do impacto negativo das nossas explosões emocionais.

Ouvi recentemente a história de um garotinho chamado Jimmy que tinha o pavio muito curto. Um dia, o pai de Jimmy lhe deu uma caixa de pregos e lhe disse que toda vez que perdesse a cabeça, o menino deveria martelar um prego até o fim na cerca. Ao final do primeiro dia, Jimmy tinha martelado vinte pregos na cerca. Nas semanas seguintes, à medida que Jimmy ia aprendendo a controlar a raiva, o número de pregos diários ia se reduzindo. Jimmy descobre que é mais fácil se controlar do que martelar pregos na cerca. Chega então um dia em que o garoto não tem nenhum descontrole. Todo animado, Jimmy conta isso ao pai, que sugere que ele arranque da cerca um prego para cada dia em que conseguir se controlar.

Passam-se os dias, e Jimmy finalmente pode dizer ao pai que retirara todos os pregos. O pai o conduz até a cerca e diz: "Você se saiu muito bem, meu filho. Mas olhe os furos na cerca. A cerca nunca mais será a mesma. Quando você diz coisas tomado pela irritação, as suas palavras deixam uma perfuração como estas. Você pode enfiar a faca num homem e depois retirá-la. Pouco importa quantas vezes você diga 'lamento', a ferida permanece."

Maltratar verbalmente muitas vezes deixa marcas tão dolorosas quanto as causadas pelos maus-tratos físicos. Para ter certeza de não deixar perfurações em nossos parceiros ou em nossos filhos, temos de levar a luz às nossas trevas ocultas. Uma vez que tomamos consciência das nossas feridas abertas, começamos a ter controle sobre o nosso mundo emocional. Podemos então escolher conscientemente tratar as nossas emoções de maneira saudável, em vez de ser engolidos pelas trevas das ações que magoam os outros.

Basta um pouco de luz para dissipar os nossos sentimentos negativos, mas é nas trevas que encontramos a luz. Para além da nossa raiva, do nosso ressentimento e do nosso sofrimento, há um mar de amor tão grande e tão vasto que pode levar em suas ondas toda e qualquer ferida. Acenda uma vela ou uma lâmpada num cômodo escuro e você vai testemunhar o poder da luz e a rapidez com que a escuridão é dissipada.

Nenhuma outra pessoa além de nós pode liberar as nossas próprias emoções tóxicas; ninguém pode salvar você dos efeitos nefastos da ingestão constante de leite estragado. Só você pode tomar a decisão de fazê-lo. Você e as pessoas de quem você mais gosta serão em última análise magoados caso você não assuma a responsabilidade por seus sentimentos, pouco importando quem fez o que a quem. Só quando se responsabiliza por se livrar de todo o seu leite estragado, você tem condições de tocar a sua própria vida.

BALANÇO DO RELACIONAMENTO

A assunção da responsabilidade pela própria vida, pelas próprias emoções e pelos próprios sentimentos negativos cria um movimento interior que apóia você em sua libertação do sofrimento e da repetição futura desse sofrimento. Enquanto permanecer culpando os outros, você se manterá preso à ilusão de que é impotente diante de sua própria condição. Enquanto não assumir total responsabilidade pelas circunstâncias nas quais se encontra, você não terá condições de alterá-las. Tendo aceito a sua própria participação nas circunstâncias, você começa a encarar e a acolher aquilo que há em seu íntimo.

Iniciamos essa jornada fazendo um balanço do nosso relacionamento. Ser rigorosamente honestos com respeito às nossas ações, comportamentos e limitações nos permite ver com clareza o fato de que participamos do colapso da nossa parceria. Todo vestígio de negação ou de autoproteção faz-nos ficar presos a acusações contra os outros, impedindo-nos de tocar a nossa vida. Eis à guisa de exemplo o balanço feito por Sherri:

1. Não dei importância às necessidades de meu cônjuge.
2. Gastei mais dinheiro do que ele esperava que gastasse.
3. Fiz planos envolvendo a minha família e os meus amigos e desestimulei ações dele no tocante à sua família e aos seus amigos.
4. Mantive-o sob rédea curta, vigiando todos os seus passos.
5. Critiquei o seu modo de se vestir.
6. Recusei-me a manter relações sexuais.
7. Atribuí a ele a culpa pela minha própria infelicidade.
8. Ignorei meus próprios valores a fim de fazê-lo me amar.
9. Como não procurei tratar as feridas da minha infância, joguei nele a minha raiva.
10. Queixei-me de todas as coisas que ele não fez.

As suas emoções tóxicas precisam de compreensão e de compaixão. Só tomando posse de seus próprios sentimentos você obtém o poder de modificá-los. Enquanto culpar as outras pessoas pelas coisas que sente, você estará condenado a uma vida de sofrimento. Neste momento, você pode se sentir acossado, incapaz de enfrentar as suas próprias emoções. Mas tudo o que você precisa fazer é ter paciência e se dispor a amar tudo aquilo de que tinha receio. E então, você será abençoado com a dádiva da paz e da serenidade.

PASSOS DA AÇÃO DE CURA

1. Feche os olhos e respire lenta e profundamente três vezes. Comece fazendo a si mesmo esta pergunta: "O que estou sentindo neste momento?" Tendo nomeado a emoção que sente, permita-se sentir o que quer que esteja sentindo. Quando estiver pronto, ponha toda a sua atenção nesse sentimento e respire profunda e lentamente na energia dessa emoção. Observe os julgamentos que faz sobre o sentimento em tela e registre-os por escrito. Se é raiva o que sente, você pode escrever: "Detesto a minha raiva porque a minha mãe era raivosa" ou "Todos me disseram que só pessoas estúpidas se irritam e por isso não fico à vontade quando me irrito". Tendo registrado por escrito os seus julgamentos, permita-se dar alguma expressão exterior ao sentimento, como dar um grito o mais alto que puder no carro ou socar um travesseiro. (Uma das maiores mentiras que já ouvi é que a catarse não funciona. Ela pode não funcionar para todos, mas com certeza funciona para todas as pessoas com quem a pratiquei.) Exprima então o seu sentimento a Deus e a si mesmo. Você pode convocar um amigo para ouvir, sem fazer avaliações, o que você disser sobre o seu sentimento.

2. Escreva em seu diário do divórcio — para ser visto só por você — uma carta raivosa para o seu parceiro, exprimindo-lhe toda a sua raiva, toda a sua irritação, todo o seu ressentimento e toda a sua tristeza. O propósito disso é purgar as emoções tóxicas guardadas em seu íntimo; por esse motivo, não retenha coisa alguma. Se tiver medo de que essa carta possa ser descoberta, escreva-a e depois a queime. Mas não deixe de dar a si mesmo permissão para descarregar todas as suas emoções tóxicas de uma vez por todas.

3. Faça uma relação de todos os ressentimentos que você tem alimentado contra o seu parceiro. Relacione então todas as queixas que tem de outras pessoas.

4. Faça um balanço do seu relacionamento e registre todos os comportamentos e ações que não funcionaram em seu casamento. Inclua tanto as coisas que fez como as que deixou de fazer.

Capítulo Seis

SEJA FIEL AO SEU PRÓPRIO SER

> Todo ser humano constitui um espelho por meio do qual Deus
> anseia por ver a si mesmo.
>
> DR. ROBERT SVOBODA

A Lei da Responsabilidade nos apóia no reconhecimento do fato de que escolhemos o parceiro perfeito para nos dar as lições perfeitas. Descobrir as semelhanças entre nós e o nosso parceiro e chegar a um acordo com elas nos oferece valiosas informações vitais para a nossa cura. Só ficando íntimos de todo e qualquer aspecto do nosso ser podemos fazer as pazes com o nosso parceiro e assumir total responsabilidade pela nossa vida.

Enquanto estamos passando pelo processo do divórcio, despendemos imensos montantes de energia para nos distinguir do nosso parceiro, num esforço de proteção da nossa auto-imagem. O nosso radar interior se põe numa contínua busca de todos os modos pelos quais nos diferenciamos de quem nos ameaçou a segurança emocional e física — ou somos superiores a essa pessoa. Apontamos o nosso dedo acusador e nos distanciamos do cônjuge a quem um dia amamos. Podemos até nos convencer de que não temos nenhuma das características que julgamos tão insuportáveis em nosso parceiro.

Se queremos assumir a responsabilidade pela participação que tivemos no nosso divórcio, temos de começar por reconhecer as semelhanças entre nós e o nosso cônjuge. Às voltas com o divórcio, quando rompemos os nossos votos e os nossos compromissos com o nosso parceiro, é natural nos concentrarmos nas diferenças entre nós.

No começo da minha separação de Dan, eu estava certa de que éramos pessoas bem diferentes. Eu acreditava na época ser o parceiro mais saudável e mais maduro, sendo Dan a parte insalubre e inconsciente da nossa união. Mesmo que no fundo eu soubesse que escolhemos parceiros que se achem no mesmo nível de mágoa em que estamos, uma parte de mim tentava desesperadamente negar esse dado. Eu sabia que a minha tarefa consistia em identificar e recuperar os aspectos inconscientes e insalubres de mim mesma, mas a única coisa que podia ver eram as limitações de Dan.

Durante semanas tentei ver a minha vida com clareza. Até que um dia, enquanto apontava para Dan o meu dedo acusatório a fim de culpá-lo pelo meu sofrimento, percebi que somente a parte insalubre e inconsciente do meu próprio ser poderia culpar outra pessoa pelos meus sentimentos. Vi que desde o dia em que nos casamos eu vinha culpando Dan pelas minhas circunstâncias. Embora fosse uma bela desculpa, o infeliz defeito dessa explicação era o fato de ela ser mentirosa. E viver na mentira não iria me fazer sentir melhor. Era necessário admitir que eu caíra na armadilha de fazer de Dan o homem mau da história e de atribuir a mim o rótulo de "pessoa boa".

A linguagem universal do divórcio se assemelha ao seguinte: "Não sou igual ao meu marido" e "Minha mulher e eu somos pessoas bem diferentes uma da outra". Mas eu lhe peço que considere o fato de que talvez você seja bem mais parecido/a com sua mulher/com seu marido do que imagina. Pode ser que todas as qualidades que de início atraíram você para o seu parceiro — e todas as qualidades que agora fazem você se retrair — não passem de aspectos ocultos de seu próprio ser. E é possível que o seu parceiro tenha sido o seu espelho perfeito, tendo-lhe permitido identificar e curar os aspectos de seu próprio ser que há muito tinham sido julgados e esquecidos por você.

O MITO DA SEPARATIVIDADE

A maioria das pessoas foi educada para pensar que somos separados e diferentes uns dos outros e que há pessoas boas e pessoas ruins. Disseram-nos que as pessoas ruins têm atributos, características e comportamentos que as pessoas boas não têm. Muitos de nós dedicaram grande parcela da vida a se livrar das más qualidades que descobriram em si mesmos. Mas o que aconteceria se esse modo de perceber o Universo e a nós mesmos deixasse de ser uma verdade? E se na realidade não houvesse qualidades típicas das "pessoas ruins"?

Se continuarmos a crer que somos separados e que as pessoas boas são diferentes das pessoas ruins, estaremos fadados a uma vida de vitimização, de separação e de isolamento. No mundo da separatividade, nosso ego tem de se empenhar muito para construir uma *persona* melhor do que as pessoas que nos cercam ou diferente delas. Essa *persona* é a nossa máscara social, a face que mostramos ao mundo. A maioria de nós se esquece de que ela é somente uma *persona* e passa a crer que a nossa máscara é aquilo que de fato somos. Na visão de mundo fundada na separatividade, a última coisa que você quer descobrir é que tem imperfeições tão ruins quanto as de qualquer outra pessoa — e essa é uma notícia especialmente má para se receber quando se está às voltas com um divórcio. Para o ego, é um pesadelo descobrir que, no âmago, todos fomos criados iguais.

Mas você já parou para pensar sobre como veio a descobrir uma pessoa tão diferente de você mesmo? Já se perguntou como pôde ter se apaixonado por alguém capaz de fazer com você uma coisa dessas? Alguém que pisa em todos os seus calos? Nunca imaginou por que a pessoa com quem esteve casado não pode ver o que você vê, ouvir o que você ouve ou sentir-se da maneira como você se sente?

Quase todos os que passam pelo processo do divórcio dizem coisas acerca do parceiro que acham intoleráveis. Todos têm uma relação desses atributos insuportáveis. Temos porém de compreender que todos os aspectos do nosso ser são vitais para a integridade do todo e de que Deus não fabrica peças sobressalentes. Carl Jung disse: "Prefiro ser íntegro a ser bom." Para ser pessoas íntegras, precisamos ter acesso à totalidade do nosso ser, às partes boas e às partes ruins. Ser um ser humano íntegro é ser feliz, sensível e satisfeito e triste, egoísta e raivoso. Se só possuímos a metade de nós mesmos, a parte boa, mas negamos a outra metade, ficamos nos sentindo incompletos, como se não fôssemos suficientes. Permanecemos com uma incômoda sensação de que há alguma coisa errada aqui.

Comecei a compreender esse conceito um dia em que, indo de carro para casa, ouvia uma palestra gravada do doutor Deepak Chopra. Ele explicava que o Universo é holográfico, o que significa que a totalidade do Universo está contida em cada parte componente sua. Embora tenhamos a tendência de nos concentrar em nossas diferenças, os seres humanos são fundamentalmente iguais. O modelo holográfico revela que cada pessoa é um microcosmo do macrocosmo. Ensina-nos que, por sob a superfície de todo ser humano, se acha uma matriz de toda a humanidade. Para ilustrar isso, o doutor Chopra citou uma passagem de um texto antigo: "Você não está no mundo; o mundo está dentro de você."

Embora eu não tenha compreendido intelectualmente como isso podia ser verdade, essas palavras fizeram luzir em mim um profundo saber interior. E percebi que recebera uma informação vital que me daria apoio em meu próprio despertar espiritual.

Durante meses fiquei ponderando sobre como era possível que o mundo e toda a sua diversidade estivessem dentro de mim. Fiz até uma brincadeira comigo mesma. Enquanto andava pelas ruas de San Francisco, eu olhava para as pessoas e dizia a mim mesma: "Vocês estão dentro de mim." Era fácil aceitar essa idéia quando eu gostava das pessoas que observava. Quando via alguém sendo generoso, eu dizia a mim mesma: "Sou generosa." Quando via alguém demonstrando delicadeza, eu me tornava receptiva a aceitar essa pessoa como parte de mim. Mas quando julgava alguém perverso, ciumento ou controlador, eu pensava comigo mesma: "Graças a Deus não sou assim. Eu nunca faria isso."

Um dia, quando eu ia de trem para a escola, uma mulher no outro lado do corredor começou a gritar com o filho. Incomodou-me muito a sua explosão e eu pensei que ela era uma mulher terrível. Concluí que ela era uma mãe ruim que nunca deveria ter tido um filho. Mas eis que uma vozinha dentro de mim sussurrou: "Se seu filho derramasse leite achocolatado em sua roupa branca quando você estivesse indo trabalhar, você gritaria como um mau espírito."

Dei-me conta de que não era a pessoa que vivia dentro de mim, mas as qualidades que eu via a pessoa exibir. Eu julgara a mulher que gritara impaciente, desrespeitosa e irritadiça. Embora não tivesse um filho na época, eu por certo podia perceber outras áreas da minha vida nas quais fora impaciente, desrespeitosa e irritadiça. Foi então que compreendi que todas as qualidades existentes no planeta existem em meu interior. E ainda que não esteja exprimindo uma dada característica no mesmo momento e nas mesmas circunstâncias, é provável que eu venha a exibir alguma versão desse mesmo comportamento em outro momento e em outro lugar. Perceber isso foi a chave para a assunção da responsabilidade pela minha própria vida.

Quando adquire o entendimento do desígnio profundo do Universo, você pode ver que contém em si tudo aquilo que vê nos outros. E, num átimo, todo o seu mundo vai se alterar. Você vai descobrir que tudo aquilo que vê e imagina é um reflexo do seu mundo interior. Vai compreender por que pode amar uma pessoa num momento e detestá-la no momento seguinte. Vai saber por que os outros podem dizer ou fazer coisas que pisam nos seus calos e por que esses calos pisados trazem em si tanta emoção.

Para ser íntegros, precisamos ter acesso a todos os aspectos de nós mesmos. Se formos ousados e aceitarmos a realidade segundo a qual a realidade está dentro de nós, poderemos acolher a totalidade daquilo que significa ser uma pessoa humana. Expandir a consciência a fim de abarcar a enormidade do mundo que está em nosso íntimo permite-nos sentir a força, o poder e o equilíbrio da nossa condição humana. Trata-se de algo que nos apóia em nosso afastamento dos julgamentos e da separatividade e na nossa aproximação de uma compaixão plena de saber. No momento em que compreendi isso, eu já não era uma vítima do comportamento de Dan. Pude ver que Dan apenas refletia uma parte de mim mesma que eu não aceitava.

INTEGRALIDADE EMOCIONAL

Não há em nosso íntimo qualidades que não tenham uma razão em algum lugar ou em algum momento. Temos medo para saber quando precisamos nos proteger. O medo nos diz quando não é seguro andar por uma rua escura ou quando trancar as portas da nossa casa. Temos raiva de modo a saber quando alguém nos prejudicou ou passou dos limites conosco. A nossa tristeza nos capacita a sentir a dor da perda; se não fosse assim, como saberíamos que sentimos falta de alguém ou de algo? Como avaliaríamos a importância das pessoas ou das coisas? De que outra maneira perceberíamos as nossas desilusões?

O júbilo nos indica que a nossa alma está sendo nutrida, ao passo que a insatisfação nos diz que falta algum elemento na nossa vida. Adoro a minha preguiça, que permite que eu me enrodilhe e tire umas sonecas, mas para outra pessoa a preguiça pode ser uma fonte de profunda vergonha. Não há luz sem escuridão, porque, se assim fosse, não se conheceria a luz como tal. Precisamos do contraste para poder fazer a distinção e ver a luz.

Você não conheceria o bem sem conhecer o mal. Não identificaria o altruísmo se não tivesse vivenciado o egoísmo. Como você seria capaz de perceber a humildade se nunca tivesse conhecido a arrogância? Tudo isso serve a um propósito, e talvez um pouco de arrogância seja exatamente o que você precisa para saber que merece ter tudo. Somos todos corajosos e covardes, cuidadosos e descuidados, honestos e falsos. Somos todos fortes, compassivos e criativos, bem como irritadiços, luxuriosos e fracos. Toda qualidade que possuímos tem o seu oposto polar nas proximidades à espera do momento de criar equilíbrio. A integralidade emocional é a identificação e a integração de todos os nossos atributos.

Na minha busca do equilíbrio emocional, tive de examinar a maneira pela qual eu me diferenciara de Dan. Quando eu estava apegada à atitude de ver a mim mesma como o membro consciente do nosso relacionamento, eu estava cega aos meus comportamentos inconscientes. Eu não podia assumir a responsabilidade pela co-criação dos problemas do nosso casamento, pois via apenas uma parte de mim mesma. Mediante o ato de assumir a responsabilidade pelas minhas ações, pude me dar conta de que precisava acolher todos os aspectos do meu ser e de que a minha metade inconsciente não estava errada nem era ruim, sendo antes uma parte necessária do todo.

Quando apontava o meu dedo acusador, eu ficava me sentindo impotente. Ao tomar posse das minhas ações inconscientes, e ao acolhê-las, pude me fazer voltar ao equilíbrio e assumir a responsabilidade pela minha participação no colapso do nosso casamento. No momento em que reivindiquei a responsabilidade pelas minhas circunstâncias, o sentimento condenado de impotência se desfez. E em vez de me sentir irritada e ressentida, pude ver Dan como o homem cuidadoso e sensível que ele é.

Compreender que tudo aquilo que amamos e todas as coisas que odiamos não passam de espelhos do nosso eu interior nos permite parar de projetar no nosso parceiro os aspectos indesejados e repudiados de nós mesmos. Apontar o dedo acusador e culpar os outros nos tira o direito à saúde e à integralidade. Trata-se de algo que nos mantém presos ao passado, perpetuando o mito de que somos vítimas do comportamento alheio.

Respire fundo e imagine que todos que passam por você na rua, bem como todas as pessoas que você vê ou a respeito das quais lê, são um reflexo de alguma parcela de seu ser. Considere por um momento o fato de que todas as qualidades que você já admirou num professor, num ser amado ou num amigo, assim como todos os atributos que você já desprezou em seus piores inimigos, existem no seu próprio íntimo. Há dentro de você milhares de qualidades, algumas adormecidas, outras fora das nossas vistas. Algumas estão ativas e outras inativas. Todas as coisas que você adora e detesta nos outros são aspectos pertencentes a você mesmo. O fato é: você não identificaria certas qualidades nos outros se não as trouxesse dentro de si mesmo.

O ESPELHO DO RELACIONAMENTO

Somos seres projetados com a grande capacidade de observar todos os que se acham ao nosso redor. Se não somos cegos, os nossos olhos nos permitem ver todas as pessoas que cruzam o nosso caminho. Podemos entrar num lugar em que haja cem pessoas e olhar para todas elas. Podemos olhar ao redor e observar cada pessoa. Mas sempre haverá ali uma pessoa que você não pode ver — você mesmo. Se não se encontrar diante de um espelho, você não pode pôr a si mesmo em seu campo visual.

Mas a nossa psique nos induz a crer erroneamente que podemos de fato ver a nós mesmos. A maioria das pessoas diria: "Sou quem melhor me conhece." Mas como podemos nos conhecer se nem sequer podemos nos ver por inteiro? A resposta a essa pergunta é simples: podemos nos conhecer por meio dos espelhos que nos foram dados por Deus. Eu sou o seu espelho, e você é o meu. Somos criados perfeitamente. Como não podemos nos ver diretamente, fomos criados com a capacidade reflexiva de ver a nós mesmos nos outros. Posso ver a mim mesma cada vez que olho para você. O mundo exterior é o meu espelho, e quando vejo a sua delicadeza, sou capaz de ver a minha própria delicadeza. Se olho para você e vejo a sua ganância, vejo a minha própria ganância. E se olho para você e vejo a sua generosidade, vejo a minha própria generosidade.

Nada há no outro que nos atraia sem já ter sido parte de nós mesmos. Logo, quando vê qualidades em outras pessoas a quem admira ou ama, você vê os aspectos de si mesmo que estão querendo aflorar e prontos para isso. Quando vê em seu parceiro atributos que odeia, que o perturbam, você está vendo partes de seu próprio ser que você manteve enterradas. O motivo pelo qual a falta de integridade de seu parceiro o incomoda ou irrita reside no fato de você não poder viver sem a sua própria falta de integridade. Você a está negando, escondendo ou suprimindo.

Muitas das nossas características rejeitadas se manifestam em nosso casamento; quando o casamento termina, ficamos com uma longa lista do que há de "errado" com a outra pessoa. A nossa tarefa é identificar todos esses atributos, assumir a posse deles como atributos nossos e honrá-los como parte integrante de nosso próprio ser. Só depois disso podemos assumir a responsabilidade pela parte que nos cabe no fracasso do nosso relacionamento.

O Universo, em seu amor incondicional, nos auxilia a nos ver como as pessoas que somos, mesmo que seja por meio das ações de um parceiro desagradável. Quando confiamos no fato de que tanto a parte "boa" como a parte "ruim" do nosso ser são atributos que nos foram dados por Deus, podemos começar a nos curar por meio da retomada do contato com todos os atributos que mantivemos afastados de nós. Até chegar esse momento, veremos nos outros aquilo de que gostamos e de que não gostamos em nós mesmos. É inevitável atrairmos para a nossa vida parceiros e outras pessoas que reflitam essas partes rejeitadas de nosso próprio ser. Se detesto a ganância do meu marido, minha tarefa consiste em descobrir a parte gananciosa de mim mesma. É útil que eu compreenda que a minha ganância pode manifestar-se em mim de maneira diferente da sua concretização em meu marido. Posso querer toda a comida da mesa do *buffet*, ou obter no trabalho o crédito pelo trabalho alheio, ao passo que a ganância do meu marido pode tomar a forma de entesourar todos os lucros do nosso negócio familiar.

Há ocasiões nas quais as pessoas se vêem nas garras desse processo porque a qualidade que detestam no parceiro é uma das que elas julgam nunca ter exibido. Por exemplo, se o seu parceiro tem um caso com alguém e você sabe que nunca lhe foi infiel, talvez lhe seja difícil descobrir em que você se enganou. Nesse caso, é necessário examinar a si mesmo para ver se você nunca exibiu esse atributo diante de si mesmo. Para identificar esse aspecto de si mesmo, você poderá precisar perguntar: "Quando ou de que maneira enganei a mim mesmo?"

Todo atributo que afeta você de modo negativo é um atributo que você tem exibido — seja com relação aos outros ou com relação a si mesmo. Seria impossível a descoberta desses aspectos em nós mesmos se não tivéssemos outras pessoas para mostrá-los a nós. Por conseguinte, a nossa missão consiste em procurar até encontrar todas as partes de nosso próprio ser que mantivemos escondidas por ter vergonha delas.

COMO COMPREENDER NOSSOS "BOTÕES" EMOCIONAIS

Quando você era criança, a sua necessidade e o seu anseio mais profundos eram ser amado. Assim, quando a sua mãe lhe disse que não era certo ter raiva depois de você ter dado um soco em sua irmãzinha, você pode ter pego a parte de si mesmo que era perversa e a ocultado. Quando seu pai disse que "Os idiotas não vencem na vida", você pegou o idiota inato que havia em seu ser e o escondeu sob a sua fachada de "sabidão". Toda família dispõe dos seus próprios padrões do que é ou não aceitável; para se integrar à sua família e ser aceito por ela, você teve de identificar as partes inaceitáveis de si mesmo e escondê-las.

Imagine que ser atraente e extrovertido tenham sido duas características não toleradas em sua família. Hoje, é provável que você tenha dificuldades para falar expansivamente ou para aceitar a sua própria sexualidade. Pode ser que as proibições fossem a de parecer fraco ou hipersensível. Assim, você cresceu tentando se mostrar durão a fim de se enquadrar na família e ser amado. À medida que crescemos, escondemos e suprimimos um número cada vez maior de partes do nosso ser até que deixamos de conhecer todos os aspectos daquilo que de fato somos. A mensagem gravada em nossa psique por nossos pais, pela nossa família, pelos nossos amigos e por líderes religiosos é que não é certo sermos tudo aquilo que somos. E se mostrar aos outros tudo o que é, você será considerado indigno de amor e inaceitável. Envergonhado, você vai pegar os chamados atributos ruins e ocultá-los bem no fundo do seu inconsciente.

Para compreender esse conceito com mais clareza, imagine que todos os atributos do planeta estão representados por um botão no seu peito. Um botão tem o rótulo "amoroso"; outro diz "sensível". Há um botão para "arrogante", para "manipulador", para "jubiloso", para "controlador" e para "honesto". Os atributos existentes em seu íntimo que são saudáveis e curados são recobertos por uma placa isolante. São neutros, sem carga, e nenhuma energia é emitida por eles. Por exemplo, se você vê alguém sendo rude e a grosseria não constitui um problema para você, embora você perceba a grosseria, não passa por você nenhuma corrente de energia negativa. Você será *informado* da grosseria da pessoa, mas não *afetado* por ela. Porém as qualidades existentes em seu íntimo que não estão curadas — que têm sido negadas, ocultadas ou suprimidas — emitem energia. Se mentir for um problema seu, ouvir alguém contar uma mentira vai desencadear em você uma reação emocional, fazendo uma corrente de energia negativa percorrer o seu corpo.

A única maneira de curar essa reação, e de cobrir o botão correspondente com uma placa isolante, consiste em compreender que aquilo que afeta você em seu parceiro é, na realidade, uma parte de você mesmo que não foi curada. A energia emocional que percorre o seu corpo serve de guia, mostrando-lhe os aspectos nos quais você está ferido e separado de si mesmo. Essas partes fragmentadas se traduzem em atos a fim de chamar a sua atenção e lembrá-lo de que ainda não foram curadas. Sua tarefa consiste em resgatar e integrar esses aspectos do seu ser e extrair a sabedoria que contêm. Só assim podem eles vir a ser parte do seu ser inteiro. E só nesse caso os botões inconscientes carregados perdem o poder que têm sobre você.

RETIRAR AS PROJEÇÕES

Veja como o processo funciona. Atraímos pessoas para a nossa vida a fim de ver as partes do nosso próprio ser que negamos. Em vez de aceitar as partes dissociadas de nós mesmos, projetamos esses atributos em nosso parceiro. A projeção é um mecanismo de defesa do ego. Quando o nosso parceiro faz algo que nos desgosta, nos chateia ou nos afeta de algum outro modo negativo, esse comportamento é na verdade um reflexo de nós mesmos.

É difícil saber quando estamos fazendo projeções. Quando estava casada com Dan, eu ficava enfurecida diante do que percebia como sua má vontade de se empenhar na resolução dos nossos problemas. Eu via a mim mesma como tendo total disponibilidade para fazer esse esforço. Contudo, depois de muitas horas de introspecção, percebi, por mais que me dissesse disposta, que eu na verdade estava interessada em fazer um esforço que envolvesse apenas Dan. Acreditava que, se o corrigisse, meus problemas iriam desaparecer. Embora não pudesse ver isso então, eu de modo algum desejava fazer esforços voltados para a minha própria correção. E projetava essa minha má vontade em Dan.

Uma vez que retiremos as nossas projeções, que retomemos as nossas partes ocultas, liberando as nossas emoções tóxicas, acontece alguma coisa mágica que nos transforma o mundo interior. E quando alteramos o modo como nos sentimos com relação a nós mesmos, o comportamento do nosso parceiro com respeito a nós também se transmuta automaticamente, refletindo a mudança ocorrida em nós.

Robin e Richard foram me procurar para fazer um trabalho individual de treinamento quando estavam à beira do divórcio. No calor de suas brigas, Richard sempre acusava Robin de diminuí-lo e de não julgá-lo digno de ser parceiro de sua vida. Em nosso trabalho, quando conseguiu chegar a um acordo com o seu diálogo interior, Robin admitiu que, bem lá no fundo, nunca julgara ter desposado o homem certo — um homem bom o suficiente para ela.

Quando decidiu se desligar e parar de culpar Robin por seus próprios sentimentos, Richard começou a procurar o aspecto indigno de seu próprio ser que Robin refletia continuamente. Não lhe foi necessário muito tempo para descobrir que desde a infância se sentia indigno de amor e desprezível. Ele fizera um grande esforço para encontrar uma companheira que o fizesse parecer um homem de valor, empenhando-se assim para encobrir suas próprias sensações de ser desprovido de valor. Aos olhos do mundo exterior, Richard tivera êxito, e todos o julgavam um homem de sorte por ter conseguido uma noiva tão bonita e encantadora. Contudo, seu profundo sentimento de falta de valor continuou, não-curado, a assombrá-lo durante todos os nove anos de casamento. Agora, com o casamento prestes a acabar, Richard se dispunha a buscar uma compreensão e uma cura pessoal mais profundas, tendo passado a ver que Robin apenas refletia o aspecto de seu ser que ele tanto se empenhara em manter oculto.

Numa sessão, pedi a Richard que fechasse os olhos e se recordasse de um momento no qual tivesse se sentido sem valor ou indigno de amor. O que surgiu diante dos seus olhos foi o divórcio dos pais. Quando Richard tinha 6 anos de idade, seu pai foi embora de casa sem nem olhar para trás. Richard culpou a si mesmo pela infelicidade dos pais, incluindo a rejeição pelo pai e a depressão da mãe. Chegou à conclusão de que não prestava nem merecia que as pessoas de sua vida o amassem e honrassem. Ele se tornara vítima de suas próprias interpretações, e agora podia ver que isso passara a ser um assunto doloroso em sua vida. Quando finalmente decidiu tomar posse dessas emoções desagradáveis, Richard conseguiu parar de culpar Robin por fazê-lo se sentir sem valor e acolher como seus os sentimentos de falta de valor. Tendo feito isso, deixou de precisar de Robin para refletir sua auto-imagem negativa.

Retirar as nossas projeções e aceitar a responsabilidade por elas nos capacita a ocupar no momento presente uma nova posição. Richard parou de desvalorizar as suas próprias capacidades e decidiu tornar sua vida tão valiosa que pudesse ter orgulho de si mesmo. Ele recuperou o seu sentimento de valor pessoal. Robin pôde sentir que ele recuperara seu poder pessoal e não precisou mais reforçar os sentimentos negativos de Richard.

O nosso parceiro só pode pôr o dedo nas nossas feridas se elas estiverem abertas. Ninguém pode nos irritar se não houver em nós algum problema passado não-resolvido. Se não tivéssemos sentimentos tóxicos armazenados em nosso íntimo, não reagiríamos às contrariedades, às queixas nem às insatisfações do nosso parceiro — iríamos nos limitar a escutar. Irritamo-nos e nos tornamos reativos quando há em nós problemas não-resolvidos que precisam de solução e que querem ser resolvidos. É a força da projeção negativa que destrói bons relacionamentos e a nossa capacidade de amar sem julgamentos nem condenações.

Alguns de vocês já conhecem as partes ocultas de si mesmos. Outros as ocultaram em lugares tão profundos que nem sequer conseguem admitir que possam ter em si esses aspectos intoleráveis. Mas, tendo-se ou não consciência deles, o processo de descoberta e de cura de todas as parcelas do nosso ser é sagrada e santa. Essa cura permite a cada um conhecer a si mesmo e conhecer a Deus em todas as pessoas, em todas as ações e em todos os incidentes.

Parte do processo de evolução e de retorno ao nosso estado autêntico natural consiste em resgatar todos os aspectos do nosso ser, os bons e os ruins, os sombrios e os luminosos. Somos a vítima e aquele que nos ataca, o ser sem coração e o ser de coração partido, o atencioso e o insensível. E em algum ponto da nossa vida, quando tivermos chegado ao limite, mesmo que tenhamos sido bem-sucedidos em mostrar apenas o nosso melhor lado, o nosso duplo malévolo vai aflorar. É por esse motivo que alguns de nós vêem no parceiro características que nunca vivenciaram antes.

EQUILIBRAR OS PRATOS DA BALANÇA

Michelle estava casada havia doze anos. Depois de passar onze desses anos ignorando as atividades extraconjugais do marido, Steve, um dia ela despertou e, dizendo que não agüentava mais, afirmou desejar o divórcio. De súbito, aquela mulher tão doce e excessivamente compreensiva, que vivera tantos anos na passividade, se tornou uma megera irritadiça e intolerante que não queria tolerar mais nada do comportamento do marido.

Steve ficou em total estado de choque; não podia compreender como Michelle se dispunha a acabar com a família depois de anos de silêncio sobre sua infelicidade. Na sua cabeça, ele nem sequer pretendera se aproveitar da cegueira dela. Neste ínterim, toda a raiva e toda a hostilidade que Michelle levara anos reprimindo vieram à superfície. Os aspectos do próprio ser dela que vinham sendo enterrados longe das vistas desde que ela era uma garotinha estavam assumindo o controle.

Uma parte de Michelle desejava obter ajuda e ver se conseguia acertar as coisas com Steve, mas ela não conseguia se controlar nos contatos com Steve ou com os filhos. Pedi a Michelle que imaginasse uma balança com um prato no ar e o outro encostado no chão. Podia-se ver que essa balança estava desequilibrada. Eu lhe disse que era exatamente isso o que estava acontecendo em seu íntimo. Quando se mantivera passiva, ignorando o comportamento de Steve, ela estava em desequilíbrio; agora ela estava no outro extremo desse desequilíbrio, irritada e agindo de maneira agressiva.

A integralidade emocional consiste em manter em equilíbrio o lado passivo e o lado agressivo. Ambos os aspectos são imperativos para o todo. Tendo acesso a todos os aspectos de si mesma, Michelle poderia manter no mesmo nível, nos pratos da balança, seu eu passivo e seu eu agressivo. Somente quando temos acesso a ambos os lados podemos fazer a qualquer momento a opção mais evolutiva. Se Michelle acolhesse os dois lados de si mesma de igual maneira, seria fácil para ela tanto dizer a sua verdade como deixar as coisas passar. Mas até ela poder ter acesso a cada um desses aspectos vitais de sua personalidade, e avaliá-los, só um lado de sua personalidade afloraria a cada vez, e apenas nas circunstâncias mais extremas. Rememorando, Michelle percebe que, em sua casa, era inaceitável o comportamento agressivo ou assertivo por parte de uma mulher. Dar a outra face era a maneira de a sua mãe enfrentar as eventuais falhas do marido.

Essa história é muito comum. As circunstâncias podem variar, mas em algum momento da vida os nossos aspectos rejeitados vão aflorar, atingindo-nos bem no rosto. Pense neles como uma bola de praia. Você sabe quanta energia é necessária para manter sob a água uma bola de praia? Você pode despender todas as suas forças tentando mantê-la submersa. Então, no mesmo instante em que você retira a pressão, a bola dá um salto e joga água em seu rosto. Todas as características do nosso ser que escondemos e negamos são como bolas de praia enterradas sob a superfície da nossa consciência. Elas costumam esperar o momento mais inoportuno para aflorar e nos atingir o rosto, expondo as partes do nosso ser que tanto nos empenhamos em ocultar.

Quando deixamos de nos concentrar em nós mesmos e apontamos um dedo acusador para o nosso parceiro, temos condições de transferir o ódio que alimentamos com relação a nós mesmos. É importante expor as partes rejeitadas de nós mesmos e trazê-las à atenção consciente. Nosso parceiro entrou na nossa vida para nos dar várias lições. Por infelicidade, a maioria das pessoas não sabe aprender essas lições, e por isso repetem os mesmos tipos de padrões relacionamento após relacionamento. Para encontrar a liberdade, temos de alcançar a compreensão de que somos co-criadores de todas as situações e de que as experiências que temos com os outros são reflexos dos aspectos curados ou não-curados de nós mesmos. Só depois disso podemos transcender o aguilhão da raiva e da depressão e entrar no mundo libertador da responsabilidade pessoal. Retirar as projeções nos devolve a independência e o poder de sermos os nossos próprios agentes de cura.

PASSOS DA AÇÃO DE CURA

1. Faça uma relação de todas as qualidades negativas de seu parceiro que você julga irritantes, dolorosas ou ofensivas. Inclua os atributos que o deixam enfurecido, louco da vida ou repugnantes.

2. Relacione todas as qualidades negativas de seus pais ou da pessoa diretamente encarregada de cuidar de você que você julga tão incômodas quanto as referentes ao seu parceiro.

3. Feche os olhos e pergunte a si mesmo: "Em que área da vida exibo esse atributo?" É provável que cada atributo assuma em sua vida um aspecto diferente do que assume na vida de outras pessoas. Se não puder descobrir a área de sua vida na qual exibe o atributo em questão, volte ao passado e se lembre de um período em que o exprimiu.

4. Registre ao lado de cada atributo negativo relacionado o juízo que faz dele. Por exemplo, se escreveu que seu marido é um mentiroso, seus julgamentos sobre esse atributo podem se assemelhar ao seguinte:

Os mentirosos são pessoas ruins.

Meu pai era um mentiroso.

Pessoas que mentem são malévolas.

Pessoas que mentem precisam de ajuda.

Pessoas que mentem me magoam.

Capítulo Sete

FAÇA AS PAZES CONSIGO MESMO

Aquele que o irrita o domina.
ELIZABETH KENNY

A Lei da Responsabilidade governa as opções que fazemos. Não é por acaso que fomos atraídos por uma dada pessoa e a desposamos. Essas ações estão nas sementes do nosso karma. Todas as pessoas que atraímos para a nossa vida o são a fim de nos fazer avançar para a próxima fase da nossa evolução pessoal. Agem da maneira necessária para nos mostrar os pontos de nosso ser que precisam de cura, fazendo-nos enfrentar os problemas que nos impedem de realizar de modo pleno o nosso potencial. Quando assumimos total responsabilidade pela nossa vida, compreendemos que os relacionamentos com os quais nos envolvemos não são meras casualidades, porém oportunidades criadas sob medida para curar as nossas feridas emocionais e espirituais.

Os relacionamentos kármicos são, por definição, relacionamentos cuja existência está prevista. Um relacionamento é kármico se ele for traumático, abusivo, feliz, satisfatório ou puramente sexual. A freqüência vibratória da nossa alma cria um campo de ressonância que fica ao nosso redor e atrai pessoas que vibram na mesma freqüência. Se tiver problemas com o abandono, você vai vibrar numa freqüência específica e atrair pessoas da mesma freqüência que vão abandoná-lo.

Até curar essa ferida, você vai continuar a atrair pessoas que a trarão à sua consciência.

Não existem acasos. Compreender a ressonância energética da nossa alma é essencial para adquirir a capacidade de romper os liames kármicos que nos mantêm atados de forma negativa aos nossos padrões. Se não entendermos a ressonância energética da nossa alma, não compreenderemos por que atraímos para a nossa vida certas pessoas nem por que elas agem de maneiras particulares. Para completar o processo de assunção de responsabilidade, temos de reconhecer que, em algum nível, por alguma razão, atraímos os nossos parceiros para a nossa vida.

Havia mais de mil pessoas na conferência em que conheci Dan. Depois de meros vinte minutos de conversa, estabelecemos entre nós uma ligação que alteraria a nossa vida e nos levaria ao casamento. Embora não soubéssemos então, Dan trazia consigo a chave que iria abrir muitas portas do meu mundo interior. Posso ver agora que Dan foi o catalisador do aprofundamento do meu processo de cura. Ele me abriu a porta para a maternidade e, ao mesmo tempo, mostrou todos os aspectos de meu próprio interior que eram insalubres e feridos. Meu ex-marido personificava muitas qualidades de meu íntimo de que eu não tinha consciência. Ele me mostrou inúmeras partes de meu ser que eu nunca tinha visto. O nosso karma conjunto me fizera ir para San Diego, reunira a minha família na Califórnia e me proporcionara as experiências de que eu carecia para escrever este livro. E essas são apenas algumas das maneiras pelas quais a minha vida mudou como resultado da minha associação com Dan. Quando eventos relevantes como esses ocorrem em conexão com uma dada pessoa, sabemos que o nosso relacionamento com essa pessoa é kármico.

O PROCESSO DE SE TORNAR ÍNTEGRO

Em última análise, a pessoa com a qual unimos a nossa vida existe para nos trazer o reflexo do nosso verdadeiro eu. Estão, por assim dizer, trazendo consigo algum aspecto da nossa condição humana que foi por nós rejeitado. O nosso parceiro reflete inconscientemente as partes desconexas do nosso ser para as quais somos cegos.

É imperativo compreender que você não foi criado para descobrir sozinho esses aspectos. É provável que você tenha passado a maior parte da vida tentando ocultar esses aspectos do seu ser. Todavia, quando convocados, esses aspectos vêm à manifestação. As partes fragmentadas de seu ser anseiam por ser integradas e curadas, e identificá-las e curá-las é algo que temos de fazer movidos por uma grande compaixão. O passo mais importante do valioso processo por meio do qual você cura e passa a amar a totalidade de seu ser consiste em estar disposto a olhar para além daquilo que você vê e das coisas que você sabe a seu próprio respeito.

O processo tem três etapas. O primeiro passo é a identificação das coisas que o agradam e que o desagradam em seu parceiro. Para fazê-lo, você tem de distinguir entre atributos e comportamentos. Deixe-me dar um exemplo. Digamos que você acaba de descobrir que o seu marido está saindo com outra mulher e que você fica odiando essa ação dele. Se eu digo que isso é parte de seu ser, você dirá imediatamente: "Mas eu não sou assim. Eu nunca o enganaria. Na verdade, jamais enganei pessoa alguma."

Você tem, contudo, de ir além ao fazer a si mesmo a seguinte pergunta: "Que *tipo* de pessoa engana o cônjuge?" Cada pessoa vai evocar palavras diferentes. Por exemplo, "fraco", "mal-intencionado", "inseguro", "autocentrado", "egoísta", "raivoso" "infiel" e "desonesto". Use uma ou todas as palavras que lhe ocorreram para descrever a qualidade que você está vendo. Se está deixando a mulher porque ela é viciada em trabalho e você se acha equilibrado, pergunte outra vez: "Que tipo de pessoa seria viciada em trabalho?" Sua resposta pode ser uma pessoa "perfeccionista", "obsessiva", "demasiado voltada para as realizações", "temerosa", "fria", "compulsiva", "egocêntrica", "egoísta" ou "insegura".

É vital perguntar a si mesmo que tipo de pessoa teria o comportamento que o desagrada de modo a poder ver o que há detrás desse comportamento. Sob todo e qualquer comportamento estão os atributos que os tornam possíveis — e é isso que estamos procurando.

Jo Ellen tem 38 anos e é mãe divorciada de duas crianças. Depois de cinco anos nos quais o marido, Dave, trabalhava até tarde da noite e assistia aos esportes nos fins de semana, Jo Ellen se sentiu tão sozinha e desiludida que decidiu acabar com o relacionamento de nove anos.

Ela se sentia orgulhosa pela maneira como geria a sua casa. Acordava cedo todos os dias, ela e as crianças, e passava as noites ajudando-as a fazer as tarefas de casa. Era professora secundária em tempo integral, mas raramente deixava de fazer seus exercícios físicos diários. Tudo em sua vida tinha um lugar e uma hora certa, e ela adorava a sua rotina diária. O dia em que já não pôde esconder as flagrantes diferenças entre ela e o marido foi o momento em que Jo Ellen considerou seu casamento um caso perdido.

Na opinião dela, Dave nunca ajudava com as crianças, trabalhava até tarde da noite e só fazia exercícios se fosse disputar um jogo. Quando fez a relação de atributos de Dave de que não gostava, Jo Ellen de início não viu semelhanças entre ela e o marido. Mas à medida que se dispôs a ver como os dois se pareciam, a sua relação de atributos começou gradualmente a mudar. Sua maior queixa de Dave consistia no fato de ele não dar atenção à família. Quando lhe perguntei que tipo de pessoa não daria atenção à família, ocorreram a Jo Ellen as palavras "insensível" e "egoísta". Perguntei-lhe então se ela amava a si mesma quando era insensível ou egoísta. Ela ficou imediatamente na defensiva e insistiu que nunca era insensível nem egoísta. Essa reação traiu o fato de termos acabado de tocar em duas partes rejeitadas e não-curadas de Jo Ellen.

O passo dois consiste em distinguir uma parte rejeitada de uma característica que simplesmente observamos em alguém. No livro *Meeting the Shadow*, Ken Wilber diz: "Se apenas estamos recebendo informações sobre o comportamento de alguém, este provavelmente não é uma projeção." Se observa alguém sendo descuidado e apenas recebe essa informação, sem julgá-la, é provável que você não esteja fazendo projeções. Contudo, se for afetado pelo comportamento da pessoa — se ficar incomodado ou irritado, ou sentir que tem de acusar a pessoa — é provável que esteja projetando um aspecto não-curado de si mesmo. No minuto em que dizemos "Eu não sou assim", temos de admitir que aquele comportamento que estamos julgando reflete uma parte de nós da qual nos afastamos. Lembre-se de que trazemos em nosso íntimo todos os atributos, de modo que perceber que estamos projetando nos indica os aspectos do nosso ser necessitados de cura.

Tendo elaborado a relação de atributos que você sabe que não caracterizam você ou que você não deseja ter, a etapa seguinte é incorporá-las ao seu ser. Por "incorporar" designo identificar e aceitar esses aspectos de si mesmo. Você não tem de gostar deles nem de amá-los nesse ponto; é preciso apenas ser honesto consigo mesmo e admitir os lugares e momentos nos quais os manifestou.

Para identificar essas partes de modo geral ocultas de nós mesmos, temos de penetrar no silêncio do nosso eu mais profundo. A nossa psique é brilhante e, quando instada, expõe a sua verdade. Imagine que aos 2 anos de idade você escondeu uma moeda em sua casa. Você se lembraria agora de que o fez? Mesmo que alguém confirme que você escondeu a moeda, você se lembraria de sua localização depois de tantos anos? Assim sucede com a maioria das pessoas. Essas qualidades se acham ocultas nas profundezas do nosso subconsciente, tentando manter-se fora das vistas.

Para verificar se Jo Ellen estava pronta para incorporar o "egoísta" e o "insensível", pedi-lhe para fechar os olhos. Falei-lhe que respirasse fundo algumas vezes enquanto lhe perguntava "Quando ou onde, em sua vida, você foi egoísta ou insensível?" Dentro de instantes, com lágrimas nos olhos, ela me contou a história do falecimento de sua mãe. Jo Ellen e a mãe tinham tido durante anos uma relação turbulenta; nunca pareciam concordar em coisa alguma e era raro que se dessem bem. Ela até pensava que a mãe era demasiado egoísta para ter tido filhos. Quando a mãe teve o diagnóstico de um câncer em fase terminal, Jo Ellen não procurou apoiá-la, mas se dedicou à sua família, pouco fazendo pela mãe nos últimos meses de vida desta. Jo Ellen tinha bloqueado esses eventos na mente, e a constatação disso, bem como as imagens que lhe ocorreram em associação com isso, a deixaram estupefata. Essa parte insensível fora escondida há muito tempo em sua consciência, mas estava vívida para ela agora como se o tempo não tivesse passado. Ela começou a perceber que o comportamento de Dave refletia o egoísmo dela e que, tal como Dave, ela tinha desculpas para justificar o modo como agira. Jo Ellen passou semanas profundamente agitada porque odiava esses aspectos de Dave e detestava o fato de possuir esses atributos horríveis. Sua pergunta constante era: "Como isso é possível?"

É comum que o sofrimento que acompanha a descoberta de uma dessas partes rejeitadas de nós mesmos seja intenso. É um ardor semelhante ao do sal numa ferida aberta. Isso acontece porque estamos nos afogando em nossa indignação moral, tendo considerado os outros culpados por comportamentos que temos certeza que não poderíamos manifestar. Agora, chocados, estamos face a face com o nosso duplo malévolo, algo que a maioria de nós não deseja ver. Sei que não é um processo fácil, mas os benefícios são tão grandes e a cura tão necessária que temos de respirar fundo e saber que, tão logo localizemos a dádiva dessa parte indesejada, o sofrimento vai desaparecer. Tendo incorporado a nós mesmos a nossa dolorosa verdade, já não temos de ser controlados pelo comportamento exterior daqueles que nos cercam.

Tendo integrado as nossas características indesejadas, estamos prontos a passar à terceira etapa. Essa etapa final nos faz acolher a dádiva dessas qualidades rejeitadas. No caso de Jo Ellen, fazer isso parecia uma tarefa impossível. Ela me disse que, para ver algo de bom nesses atributos, seria necessário um milagre, um ato completo de Deus. Durante toda a sua vida, ela sempre acusara os outros de egoístas e insensíveis. Primeiro a mãe e mais tarde o marido. Expliquei que uma das definições de "milagre" é mudança de percepção. Se se dispunha a ver as dádivas que "egoísta e insensível" tinham a oferecer a ela, Jo Ellen poderia ser agraciada com um milagre. Tudo o que ela precisava fazer era se propor a ver *ambos* os lados desses atributos. Transmiti-lhe uma das minhas histórias favoritas, contada por Guru Mayi, líder da Siddha Yoga Foundation.

O regente de um próspero reino manda chamar um de seus mensageiros. Quando o homem chega, o rei lhe pede que saia e descubra a pior coisa do mundo. O mensageiro retorna dias depois sem nada nas mãos. Intrigado, o rei pergunta: "O que você descobriu? Não vejo coisa alguma." O mensageiro diz: "Está bem aqui, Vossa Majestade" — e põe a língua para fora.

Tomado de assombro, o rei pede ao mensageiro que explique, e este responde: "A minha língua é a pior coisa do mundo. Ela é capaz de dizer coisas horríveis. A minha língua fala coisas malévolas e conta mentiras. Se deixo a minha língua fazer o que bem quiser, termino fatigado e com mal-estar. A minha língua é a pior coisa do mundo."

Deliciado, o rei ordena que o mensageiro saia e encontre a melhor coisa do mundo. Dias depois, o mensageiro volta de mãos abanando. O rei exclama: "Onde está? Não vejo coisa alguma." O mensageiro replica: "Está bem aqui, Vossa Majestade" — e põe a língua para fora. O mensageiro diz ao rei: "A minha língua é a melhor coisa do mundo. Ela é um mensageiro do amor. Só com a minha língua posso exprimir a beleza absorvente da poesia. A minha língua me ensina gostos aprimorados e me orienta a escolher alimentos que me nutram o corpo. A minha língua é a melhor coisa do mundo porque me permite cantar o nome de Deus."

O ato de transformação consiste em ver uma dada coisa de uma maneira e no momento seguinte poder vê-la de outra. De modo geral, um modo de ver nos fortalece, ao passo que o outro nos tira as forças, deixando-nos com uma sensação de fraqueza e vulnerabilidade. Temos de escolher. Encontrar a dádiva é deixar que vejamos de todas as perspectivas, captar todos os lados dos atributos que possuímos.

Imagine que só pode vivenciar os aspectos danosos da sua língua. Nesse caso, você vai perder um milhão de prazeres da vida. O mesmo se aplica a todos os nossos atributos. Você pode perguntar: qual a dádiva que há em ser insensível? Ser insensíveis pode nos ajudar a sobreviver, a estabelecer fronteiras saudáveis e cuidar da nossa própria vida. Se vivêssemos cuidando de todos, provavelmente não teríamos tempo para cuidar da família nem para nos dedicar a uma carreira que não a de total dedicação ao cuidado dos outros. É provável que fôssemos levados a cuidar dos milhões de seres doentes, famintos e menos afortunados que existem.

O processo de resgatar a integralidade do nosso ser não é fácil. A maioria das pessoas se apega tanto ao seu próprio modo de ver as coisas porque a nossa concepção e as nossas opiniões são aquilo que nos diferencia dos outros. Um exercício bem interessante é entrevistar cinco pessoas que o conheçam bem. Peça a cada pessoa que cite as três coisas que mais gosta e as três coisas que menos gosta em você. Nunca deixa de acontecer de um atributo descrito por duas ou três pessoas como positivo ser apresentado sob uma ótica negativa por alguma outra. Por exemplo, uma pessoa pode dizer que gosta de sua franqueza, ao passo que outra diz que não gosta do fato de você sempre dizer o que pensa, acrescentando que "há coisas que é melhor não dizer". A realidade é uma interpretação. Ver o mundo com diferentes olhos produz perspectivas diferentes — e, por conseguinte, realidades diferentes.

Num estado de iluminação, podemos ver todas as perspectivas ao mesmo tempo. Quando alteramos o nosso modo de ver uma dada coisa, desapegamo-nos das nossas crenças limitadoras e da realidade dolorosa que as acompanha. Mudar de ponto de vista nos permite passar da alegria à tristeza, da agitação à paz, num instante. Esse é o processo de acolher a dádiva contida em toda e qualquer característica. Todos sabem que podemos considerar um copo meio vazio ou meio cheio, e que as duas perspectivas estão corretas. O mesmo se aplica a cada parcela do nosso ser. É em última análise uma escolha nossa tomar um dado atributo como vazio e desprovido de sentido ou como pleno de possibilidades e de potenciais. Podemos preferir o apego à crença de que algumas das nossas características pessoais são ruins, ou optar pela procura do propósito maior de cada um dos aspectos da nossa personalidade. É o ego que se detém nos aspectos negativos da nossa condição humana. É o nosso eu superior, a parte santa e sagrada do nosso ser, que opta por ver para além daquilo que sabemos a fim de descobrir a dádiva da nossa sombra.

Quando finalmente estava pronta para ver a dádiva, Jo Ellen já dera o passo mais importante do processo: ela se dispusera a deixar de lado suas crenças e julgamentos severos e a ver as coisas de outra perspectiva. Na realidade, Jo Ellen estava mais do que disposta; estava desesperada para encontrar uma nova perspectiva, sedenta por uma nova perspectiva, de modo que todo o seu ser se mostrava propenso a encontrar alguma. Ela fechou os olhos quando lhe pedi para identificar a dádiva do seu egoísmo. Orientei-a a permitir que quaisquer palavras que lhe ocorressem fossem a informação correta de que ela precisava. Encorajei-a a não pensar no processo, mas, em vez disso, a renunciar à sua vontade e pedir ao seu eu mais elevado que lhe servisse de guia.

Depois de vários minutos, Jo Ellen abriu os olhos e me disse o que ouvira e as imagens que tinham aflorado. Ela de súbito percebeu que o seu egoísmo lhe concedia a maior dádiva de todas — o ímpeto e o desejo de ser altruísta. Como não queria ser autocentrada, Jo Ellen fazia trabalhos voluntários, era membro da diretoria da Associação de Pais e Mestres da escola da filha e sempre estava à disposição dos amigos que precisassem de alguma coisa. Num átimo, ela se deu conta de que "egoísta" a impelira a fazer vir à superfície inúmeros atributos positivos em função de seu intenso desejo de ser vista pelos outros como altruísta.

Agora que ela podia reconhecer essa parte de si mesma, bastava apenas agradecer a essa parte e vê-la sob uma nova ótica. Jo Ellen precisava incluir o seu lado altruísta — seu lado delicado, compassivo e luminoso — em seus sombrios julgamentos de "egoísta". Então poderia fazer brilhar uma luz amorosa e plena de aceitação sobre essa parte de seu ser. Uma vez que pudesse aceitar e acolher essa qualidade positiva, Jo Ellen já não precisaria julgá-la quando a visse manifesta em Dave. Fosse qual fosse a contribuição ou falta de contribuição de Dave à família, Jo Ellen doravante estaria informada, mas não afetada, por esse comportamento. Graças ao seu compromisso de se ocupar de seu íntimo, Jo Ellen deu a si mesma a maior dádiva: a liberdade de escolher que reação ter com respeito a Dave.

Queiramos ou não ver ou crer, as partes de nosso ser que mais odiamos são as que dirigem o espetáculo. De modo estranho e reverso, tudo aquilo que não queremos nos impele a vir a ser o oposto. É essa a maneira de o nosso eu-sombra se camuflar. Tudo o que é necessário é fechar os olhos por um instante e pensar na parte de seu ser que você ama ou de que você gosta muito. Tendo descoberto essa parte, pergunte a si mesmo: "Qual é oposto desta qualidade que amo?" Você verá imediatamente um atributo de que não gosta e que você não gostaria que estivesse presente em seu comportamento. É exatamente esse atributo de que você não gosta que o impele a ser o que você é hoje. É o ato de oclusão dos aspectos indesejados que dá forma à sua personalidade positiva.

Martha adorava seu próprio bom humor. Quando se perguntou qual era o oposto de "divertido", a palavra que aflorou em seu íntimo foi "sério". Martha nunca gostara de pessoas sérias e, naturalmente, seu pai era uma pessoa séria que ela não queria tomar por modelo. Harold adorava sua audácia. Quando fez um auto-exame, o oposto de audácia foi apreensão. Ele jamais imaginou que houvesse em seu corpo uma única célula apreensiva, mas a sua mulher e a sua mãe viviam compulsivamente apreensivas. Como não podia suportar ser apreensivo e fraco como a mãe, Harold criara uma *persona* tão intensamente audaciosa que ninguém jamais questionaria a sua audácia. Jeffrey gostava de seu jeito avançado. Seguia sempre a última moda, possuindo os melhores artefatos, carros e roupas. Era uma estrela da cena social de Los Angeles, e o que mais detestava eram os fanáticos por tecnologia. O fanático por tecnologia que vivia em Jeffrey, e que ele admitia ter manifestado até os 20 anos, era impopular e solitário, e por isso ele se tornara avançado de modo a nunca mais vir a ser abandonado.

É comum que as dádivas sejam óbvias como essas o são. As dádivas de seu eu-sombra muitas vezes se manifestam nos atributos de seu ser que você adora. Sua personalidade não foi criada a partir do desejo de ser uma dada coisa, tendo nascido antes do *não* querer ser algumas coisas específicas.

Curiosamente, a maioria das pessoas encontra um parceiro que demonstra exatamente os atributos de que tentou tão desesperadamente se manter distante. Encontramo-nos agora numa encruzilhada na qual nos é dada a oportunidade de curar e acolher todos os nossos atributos-sombra. Se preferirmos dar as costas a essa tarefa, teremos de viver sob o temor de que possam aflorar em outro momento e em outro lugar. E eles o farão.

DESCOBRIR AS DÁDIVAS

Penetrar em nosso próprio íntimo e examinar o nosso mundo interior abre as portas para a descoberta dos nossos tesouros ocultos. Como o disse Carl Jung: "O ouro está na escuridão." Cada vez que trazemos à luz uma parte rejeitada de nós mesmos, recebemos em troca uma dádiva que tem muito mais valor do que o imagina qualquer um de nós. É como se tirássemos óculos cor-de-rosa depois de tê-los usado durante anos. De súbito, tudo se afigura diferente. O mundo e seus habitantes já não lhe parecem conhecidos, mas há alguma coisa bem estimulante nas novas cores e texturas.

O mesmo acontece quando você sai do transe da projeção. Tudo parece diferente. Os comportamentos do passado desaparecem, e as ações das outras pessoas lhe parecem diferentes graças à sua nova perspectiva. De repente, são cortados todos os liames negativos que o mantiveram preso ao seu parceiro de uma forma que o priva de forças. As pequenas coisas que ele ou ela dizem já não incomodam você, e deixa de haver a necessidade de você se manter em guarda. Encontrar essas dádivas é como cavar em busca de uma arca do tesouro — você sempre encontra gemas inesperadas.

Você tem de estar preparado para amar tudo aquilo que temia. Mesmo que explorar esse novo terreno lhe dê a impressão de pisar em areia movediça, é só uma questão de tempo até você sentir o bem-estar e a estabilidade conferidos pela terra sob seus pés. E essa terra vai lhe parecer algo totalmente diferente do que você vivenciou até agora, dado que os seus fundamentos são feitos de amor, de compaixão e de integralidade emocional.

Quando abrimos a porta que leva ao nosso mundo interior, descobrimos uma multiplicidade de personalidades — muitos eus com muitas faces. Para cada característica ou traço de personalidade há uma subpersonalidade que surge com vistas a nos dar acesso a cada parcela peculiar de nossa psique. Roberto Assagioli, fundador da psicossíntese, afirma: "Somos dominados por tudo aquilo com que o nosso eu se identifica. Podemos dominar e controlar tudo aquilo de que nos desidentificamos." Examinar as nossas subpersonalidades é um instrumento que nos apóia em nosso resgate das partes perdidas ou ocultadas de nosso ser. É também uma maneira de curar os aspectos do nosso ser que podem estar se manifestando por meio da raiva ou que têm sido atormentados pela depressão.

Assagioli formulou um método para nos desidentificarmos dessas parcelas de nosso ser a fim de podermos ouvir as suas mensagens vitais. Quando admitidas à nossa consciência, as vozes dos atributos que não foram acolhidos por nós podem ser o nosso guia e o nosso parceiro na tarefa de nos devolver o equilíbrio. Esse processo nos capacita a encontrar as dádivas que estão nas nossas trevas.

CONHECER AS NOSSAS SUBPERSONALIDADES

O primeiro passo do trabalho com as subpersonalidades consiste em identificar e dar nome aos nossos aspectos ocultos. Assagioli sugere que, quando se desidentifica, a pessoa desenvolve com esses aspectos um relacionamento que lhe permite curá-los, bem como integrá-los ao todo de seu ser. Nomear cada parte de si mesmo permite-lhe criar distância e ver cada parte sob outra ótica. Por exemplo, se não gosta da parte de seu ser que vive criticando os outros, dar-lhe um nome como "Zé Crítico" ajuda você a se desidentificar dela e, assim, a iniciar um diálogo com ela. Então, quando se surpreender criticando seu parceiro, em vez de se sentir mal por estar mais uma vez criticando, você pode fechar os olhos e falar com Zé Crítico. Você pode dizer: "Lá vem Zé Crítico outra vez. Talvez ele precise de um pouco de atenção ou uma conversa amigável para acalmá-lo."

Dar nome às partes das quais nos desidentificamos suaviza os nossos juízos severos delas. Permite-nos vê-las como separadas de nós, de modo a podermos tirá-las do campo pessoal e vivenciá-las de modos não-pessoais. Isso nos dá um apoio imediato para renunciarmos à severidade de julgamentos como *Sou crítico*. Tendo dado um nome às nossas personalidades, podemos nos ocupar delas.

O próximo passo consiste em fechar os olhos e dar às partes das quais se desidentificou uma imagem, um rosto. Isso é muito fácil, visto que a sua psique foi criada para oferecer-lhe informações por meio de imagens. Se não vir a imagem de um dado atributo, você sempre pode evocar a imagem de alguém que você conhece ou de alguém que viu na televisão e que seja adequado para realizar a função desse atributo. Com o nome e o rosto desse atributo intactos, você pode então começar a dialogar com essa parcela de seu próprio ser.

A primeira experiência que tive com subpersonalidades ocorreu numa aula de Psicologia Transpessoal na JFK University. Minha professora, Suzanne West, guiou-nos numa visualização dirigida na qual imaginávamos que embarcávamos num grande ônibus amarelo cheio de gente. Quando entramos no ônibus, fomos instruídos a nos sentar e ir dar um passeio. Então ela sugeriu que alguém estava batendo em nosso ombro e que era uma das nossas subpersonalidades. Ela nos pediu para nos levantarmos, andar pelo ônibus e conhecer todas as outras subpersonalidades que estavam de pé no corredor, deitadas no chão ou gritando nas janelas. Até o motorista do ônibus era uma subpersonalidade.

À medida que Suzanne falava, eu permitia que diferentes facetas de meu ser emergissem das profundezas da minha consciência. Vi uma adolescente alta e magra e um bêbado de meia-idade vestido espalhafatosamente. Vi garotas tristes, garotas contentes e garotas de ar assustador com algumas crianças choramingentas. Havia no meu ônibus literalmente cinqüenta personalidades diferentes, todas se empenhando em obter a minha atenção. Num dado momento, Suzanne nos disse que logo o nosso ônibus iria partir e que uma de nossas subpersonalidades iria nos abordar para ter uma conversa. A mulher que se dirigiu a mim tinha cerca de cem quilos e cabelos grisalhos começando a ficar ralos. Usava um suéter ao redor do pescoço, mantendo-o no lugar por meio de um velho alfinete enferrujado. Vestia um vestido havaiano bege com grandes bolas alaranjadas. Cheirava a cigarro e a laquê. Meu primeiro pensamento foi: "Oh, meu Deus! Eu não vou a parte alguma com ela." Mas quando emiti a minha opinião, ela me olhou bem nos olhos e me deu o conselho de que, como só ela estava disponível, se quisesse fazer o exercício eu teria de segui-la. E foi o que fiz.

Sentada ao seu lado, perguntei o seu nome. Ela respondeu imediatamente: Bertona Boca Grande. Pasma, tentei manter a concentração e ouvir as instruções da professora. A próxima pergunta a fazer à nossa subpersonalidade era: "Que dádiva você me traz?" Sem fazer uma pausa, Bertona declarou que estava tentando me fazer avançar para o próximo nível do meu caminho espiritual. Como isso era algo que de fato me interessava, passei a prestar mais atenção.

A próxima pergunta a fazer à nossa amiga era: "De que você precisa para ser íntegra ou para se integrar à minha psique?" Mais uma vez Bertona não titubeou: ela precisava que eu parasse de julgar as pessoas pela aparência. Ficando na defensiva, eu lhe disse imediatamente que há cinco anos eu estava percorrendo um caminho espiritual e que já não julgava as pessoas pela aparência — isso era coisa do passado. Veio então a réplica chocante que mudou para sempre a direção da minha vida. Bertona Boca Grande, a subpersonalidade que eu acabara de conhecer, me disse: "Não passo de uma criação da sua imaginação e você, com base na minha aparência, não queria passear um pouco comigo."

Puxa vida! Ela estava certa. Fiquei ali, tomada pelo assombro. Eu nunca teria sido capaz de integrar a mim esse comportamento, convicta que estava de que já não o exibia. Mas ali estava eu, desmentida pela minha própria mente. Até hoje não sei qual foi a parte mais indigesta — o poder ter tanta sabedoria vinda de mim mesma ou a possibilidade de estar numa tal atitude de negação que nem sequer sabia que ainda julgava as pessoas pela aparência.

O ônibus representa a totalidade do nosso ser, e cada um dos rostos do meu ônibus representava um aspecto diferente de mim mesma. Cada um deles esperava a oportunidade de ser ouvido e de ser uma parcela integrada e saudável do todo. Essa experiência foi reveladora. Deixou-me com a profunda convicção interior de que, de fato, "as respostas estão em nosso íntimo". Eu ouvira isso tantas vezes, lera-o em tantos livros, mas ainda ia para fora de mim em busca de respostas sempre que tinha um problema. Agora eu sabia sem dúvida que, se me dispusesse a ficar aquietada e escutar, poderia obter o acesso à sabedoria de que necessitava para me curar.

Esse exercício alterou o rumo que eu seguia. Fiz imediatamente uma relação de todas as partes de mim que me estavam causando problemas, manifestando-se por meio de atos involuntários ou sendo refletidas pelos outros, e me empenhei em conhecer uma por uma. Cada uma delas trazia uma dádiva diferente e continha diferentes informações para me ajudar a obter a cura. Elas me transmitiram duas mensagens constantes: "Quero que você pare de me odiar" e "Desejo apenas ser apreciada pelas dádivas que lhe ofereci". Qualquer que fosse o seu rosto, o seu tamanho ou a sua forma, quer se dirigisse a mim com palavras delicadas ou me martelasse a cabeça, toda subpersonalidade que havia em meu íntimo desejava respeito e perdão. À medida que eu conhecia mais aspectos de mim mesma, o meu coração foi se abrandando e pude sentir grande empatia por essas almas perdidas e solitárias.

Com o aumento da minha familiaridade com essas diferentes partes de meu ser, mais coisas começaram a se alterar em minha vida. A conversa negativa constante que tomava conta da minha cabeça foi perdendo força. Em vez de projetar meus severos julgamentos nos outros, passei a ter mais compaixão pelas pessoas. Dar nomes e atribuir rostos a esses atributos modificou a minha relação com eles. Eu já não tinha de me punir quando agia de uma maneira indesejada. Se acordava irritada, eu convocava imediatamente "Alice Braveza" e lhe atribuía um rosto que me permitisse ser doce com ela. Então eu lhe perguntava o que ela precisava de mim a fim de sentir-se melhor. Sempre que eu pedia ajuda, uma de minhas subpersonalidades me dizia exatamente o que eu precisava para alterar os meus sentimentos e os meus comportamentos.

DISTINGUIR A PESSOA DA PERSONA

Um importante componente da criação de um Divórcio Espiritual é a descoberta de maneiras de tolerar as peculiaridades do nosso parceiro e aprender a fazer as pazes com os seus comportamentos irritantes. O trabalho com as subpersonalidades nos ajuda a distinguir a pessoa do comportamento que ela exibe. Se não pudermos estabelecer uma separação entre as características de personalidade de nosso parceiro e o ser dele, estaremos continuamente emitindo julgamentos a seu respeito e violando seu caráter. Identificando e nomeando esses aspectos, começamos a nos relacionar com o nosso parceiro de outra maneira: distinguiremos a pessoa da *persona*. Feito isso, aquilo que nos mantinha reféns se suaviza automaticamente, liberando a carga emocional que nos vinha causando infelicidade. Quando atribuímos rostos e nomes às partes do nosso parceiro que nos vinham deixando loucos, paramos de levar para o lado pessoal sua personalidade.

Jane e David passavam por um período turbulento em seu casamento e precisavam descobrir um jeito de se comunicar entre si sem a severidade de seus julgamentos. Atacar o caráter um do outro por meio de afirmações como "Não suporto viver com você por causa de sua preguiça" não os estava levando a parte alguma. Pedi-lhes que fizessem uma relação dos atributos incômodos um do outro e que lhes dessem nomes em sua qualidade de subpersonalidades. Eis o que eles escreveram:

AS SUBPERSONALIDADES DE DAVID

Zé Preguiça

Toninho Chato

Zé Durão

Mané Lunático

Pedro o Faz-de-conta

Valter o Covarde

Marcos Tanajura

César Desfibrado

Carlos Maníaco

Tonho o Sonhador

Dino De-nada

Flávio Filhinho da Mamãe

Zinho Covarde

Quinzinho Falência

AS SUBPERSONALIDADES DE JANE

Wanda Emperucada

Maria Maluca

Helena a Hipocondríaca

Paula Detesta-todos

Márcia Marcação

Alice Confusa

Selminha Me-acuda

Lúcia Que-peninha

Norminha Dedo-duro

Nádia Obcecada

Silvinha Tudo-meu

Há uma velha história segundo a qual, quando você chega ao céu, pegam o seu coração com uma mão e uma pena com a outra. Se o seu coração for mais leve que a pena, você sabe que alcançou um estado de iluminação. As subpersonalidades, com nomes divertidos e rostos que o fazem rir, podem deixar você mais leve. Se o Dino De-nada aparece na hora de buscar os seus filhos, em vez de ficar irritado com isso, você pode simplesmente dizer a si mesmo: "Veja quem está aqui! Meu velho amigo Dino De-nada!"

Reserve tempo para se divertir um pouco e saber que todos trazem em si seu próprio elenco de personagens e o seu próprio conjunto de problemas de personalidade. Entrar no seu próprio íntimo e dialogar com as subpersonalidades altera para sempre a sua vida. No livro *Conversations with God* [Conversas com Deus], Deus nos recorda: "Quem não vai para dentro vai para fora." Cada um de nós está repleto de uma quantidade infinita de sabedoria profunda, e em momentos de aflição é imperativo que nos religuemos à nossa natureza divina e permitamos que o espírito do universo seja o nosso guia.

Perguntam-me com freqüência: "Por que cabe a mim fazer todo o trabalho? Por que tenho de viver tratando dessas coisas?" A resposta é simples. Você tem de fazer todo o trabalho porque, em última análise, é você quem recebe todos os benefícios. É preciso tempo e esforço para fazer as pazes consigo mesmo. Não se trata de um processo que acontece da noite para o dia. Pelo que eu sei, este é um processo de toda uma vida. Quando assume compromisso com a integralidade emocional, você se compromete a cuidar de si mesmo todos os dias, não apenas uma vez por semana quando vai ao terapeuta ou ao quiroprático, ou quando reserva um tempo para meditar. Você oferece a si mesmo a dádiva de saber que pode contar consigo mesmo e cuidar de si mesmo. Você não deixaria uma criança na chuva o dia inteiro; e por que deixaria a criança ferida interior sozinha, sem cuidado nem atenção durante um dia, uma semana, um mês, um ano?

Agora, feche os olhos e evoque uma imagem de si mesmo aos 4 anos de idade. Imagine que está infeliz e assustado. Você tomaria essa criança nos braços ou gritaria com ela, dizendo-lhe que pare com isso? Você ficaria satisfeito tratando-a como trata a si mesmo agora? Você diria a essa preciosa criança as coisas que repete constantemente para si mesmo? É isso o que você merece?

Queira ou não acreditar, você é uma criança. Você traz consigo todos os seus eus de todas as idades. Aprender a amar a si mesmo é a maior tarefa que você terá a seu cargo. Dar amor a si mesmo é a maior dádiva com que você será agraciado. Mas isso requer tempo, atenção, persistência e paciência. É algo que requer a compaixão de um coração inocente e a dedicação de um atleta olímpico.

PASSOS DA AÇÃO DE CURA

1. Pegue a relação dos atributos negativos de seu parceiro, que você elaborou no exercício 1 do capítulo 6. Transforme cada um dos atributos em subpersonalidades dando-lhes um nome. Usando a visualização a seguir, veja se consegue descobrir a dádiva que cada atributo tem a lhe oferecer. Se tiver dificuldade para descobrir o valor de uma dada característica, continue a perguntar. É comum que a dádiva de um atributo particular se exprima como o valor oposto a esse atributo.

2. Reserve algum tempo em que você não seja interrompido para fazer esta visualização. Antes de começar, você pode querer dar uma caminhada ou tomar um banho demorado para relaxar. Considere a possibilidade de pôr música suave para tocar ou de acender uma vela aromática para criar uma disposição pacífica. Feche os olhos e comece a concentrar a atenção no ato de respirar. Respire longa, lenta e profundamente algumas vezes, prendendo o fôlego por um período de cinco ou mais segundos e, em seguida, soltando o ar lentamente. Faça isso quatro ou cinco vezes até aquietar a mente.

Crie mentalmente a imagem de um grande ônibus amarelo. Imagine-se tomando esse ônibus e sentando-se em algum lugar no meio dele. Sinta a excitação de embarcar numa viagem há muito esperada pelo seu próprio íntimo. Enquanto o ônibus sai do ponto, olhe pela janela e observe que o dia está claro e bonito.

Enquanto viaja, aproveitando a paisagem, você começa a perceber os outros passageiros do ônibus. Você vê pessoas de todo tipo e tamanho — pessoas baixas e pessoas altas, crianças, adolescentes e idosos. Você vê que o ônibus está cheio de pessoas das mais diversas áreas. Há gente de circo, pessoas sem-teto, homens de negócios e até animais. Alguns acenam para chamar a sua atenção enquanto outros podem estar se escondendo no canto. Quando o ônibus pára, você se levanta e começa a percorrer o corredor, observando todas as personagens de seu veículo. Agora o motorista lhe diz para permitir que uma dessas personagens — uma de suas subpersonalidades — lhe tome a mão e o acompanhe, descendo do ônibus, até o parque.

Imagine-se sentado ao lado dessa pessoa. Observe o atributo que ela parece personificar. Se for alguém corajoso, você pode lhe dar o nome de João ou Joana Coragem. Se a pessoa não lhe disser o nome, você pode inventar um com base na aparência ou nas características de maior destaque dela. Veja como ela está vestida e que ar tem. Qual o cheiro dela? Veja qual é o seu estado de espírito e atente para a sua linguagem corporal. Agora, mais uma vez respirando fundo, olhe diretamente para a pessoa e pergunte: "Que dádiva você me traz?" Insista na pergunta até obter uma resposta. Tendo sido informado da dádiva, pergunte à pessoa: "De que você precisa para ser íntegra?" ou "O que lhe é necessário para ser uma parte saudável e integrada do meu ser?"

Tendo ouvido a resposta, pergunte: "Há algo mais que você precisa me dizer?" Então, dedique algum tempo a agradecer à subpersonalidade, a essa parte fragmentada de seu ser, por ter se disposto a partilhar coisas com você. Imagine-se conduzindo a pessoa de volta ao ônibus. Quando estiver pronto, abra os olhos e registre por escrito as mensagens que recebeu de sua subpersonalidade. Continue a escrever por ao menos dez minutos acerca da experiência pela qual passou durante a realização do exercício.

A LEI DA
ESCOLHA

— Capítulo Oito —

COLOQUE-SE NO LUGAR DO OUTRO

*A vida não é da maneira que se espera que seja; a vida é como é.
O que faz a diferença é a maneira como se encara a vida.*

VIRGINIA SATIR

O modo como vemos a nossa vida é o resultado das interpretações que dela fazemos. A Lei da Escolha nos leva à percepção de que há muitas formas de interpretar os eventos de nossa vida, e de que nenhuma dessas formas é verdadeira. Toda a nossa dor e todo o nosso sofrimento são criados pelo modo como encaramos as nossas circunstâncias presentes. Embora nem sempre tenhamos o poder de escolher os acontecimentos da nossa vida, temos de fato o poder de escolher as nossas interpretações desses acontecimentos. Há dois tipos de interpretação — aqueles que nos fortalecem e aqueles que nos enfraquecem. A Lei da Escolha nos orienta a encarar a nossa vida de uma nova perspectiva, bem como a criar interpretações que nos capacitem antes a agir do que a reagir. Quando fazemos isso, tornamo-nos os construtores da nossa nova realidade.

É imperativo perceber que todas as coisas — todas as ações, todos os comportamentos e todas as pessoas — se afiguram diferentes de acordo com os diferentes olhos com os quais são vistas. Comecei a entender esse princípio quando participava de um seminário há vários anos. Fomos instruídos a ficar de pé e a olhar ao redor da sala. Deram-nos alguns minutos para olhar e observar todos os diferentes objetos que havia na sala. Instruíram-nos então a nos sentar na cadeira e olhar a sala outra vez, agora sentados. Depois, observamos a sala de pé na cadeira e, por fim, acabamos deitados no chão e olhando ao redor. A partir de cada posição observávamos novas coisas. Havia uma surpreendente diferença entre a aparência da sala quando eu estava deitada no chão e quando eu a observava de cima da cadeira. Cada vez que eu mudava de posição, o meu foco recaía sobre coisas diferentes e a minha experiência se alterava.

Para obter a cura, temos de examinar o nosso relacionamento e o nosso próprio ser de diferentes perspectivas. Temos de examinar novos pontos de vista e chegar a novas avaliações. É esse o significado de "livre escolha" ou "livre-arbítrio". Na qualidade de indivíduos, somos livres para ver a vida de muitos ângulos possíveis. Muitos de nós não se dão conta disso. Ficamos presos à realidade que vemos num dado momento e cremos ser ela a única verdade. Tornamo-nos vítimas de nossas percepções, que limitam e colorem aquilo que vemos. Muitos de nós aprenderam a interpretar a própria vida de maneiras que nos tornam fracos e sem valor.

Uma das primeiras mudanças da minha percepção veio quando eu estava às voltas com o meu divórcio e desloquei o foco da minha atenção de Dan para mim mesma. Em vez de tentar analisar as ações dele, comecei as questionar as minhas. Por que eu deveria reagir de certas maneiras e por que eu iria atrair para a minha vida um homem que faria e diria coisas específicas dessa exata maneira?

É a minha crença mais profunda ser o mundo exterior um espelho do meu mundo interior. Assim, quando não me agrada o que se passa no exterior, sempre me empenho em mudar o que está sucedendo no interior. No meu casamento, eu costumava não atentar para mim mesmo e dirigir o foco da atenção para Dan. Mas agora, para me curar e ter com Dan um relacionamento que me dê apoio e seja saudável, eu precisava mudar as minhas percepções e dirigir para mim mesma o dedo acusador que mantinha apontado para ele. Comecei a examinar tudo o que ocorria ao meu redor. Como eu estava sendo tratada? Como as pessoas falavam comigo? Dei-me conta do diálogo interior incessante que sempre me dizia que eu estava certa e Dan errado. Observei a minha natureza defensiva e a minha própria resistência a escutar o que o meu parceiro tinha a dizer. Vi que não me mostrava nem um pouco receptiva a escutar o conselho de outras pessoas, vi que não me dispunha de modo algum a fazer o meu casamento dar certo, apesar de tudo aquilo que estava dizendo a mim mesma. Em todas as ocasiões nas quais não gostava do que via ou ouvia no exterior, eu fechava os olhos e penetrava em meu íntimo para identificar as lições que precisava aprender.

A primeira e a mais importante dessas lições era parar de considerar as coisas a partir da perspectiva limitada do meu ego. O meu ego me dizia que eu não seria bem-sucedida estando sozinha com uma criança. Dizia-me que tivesse cuidado e arrancasse de Dan o máximo possível, dado que com certeza não teria o bastante. Os olhos por meio dos quais eu via o meu mundo eram pequenos e assustados e só se preocupavam comigo. Quando decidi mudar o foco, comecei a pensar não só em Beau e em mim como também em Dan, em como ele iria sobreviver. Ainda que, naquele momento, discordássemos acerca de quase todas as coisas, eu despendia tempo em minhas orações diárias enviando amor e energia de cura para Dan. Sentia que, mesmo sem poder perceber a perspectiva dele, seria para mim uma importante lição tentar compreender o sofrimento e as opções de Dan.

Um dia, depois de uma manhã de frustração e de raiva, decidi tentar ver a vida através dos olhos de Dan. Respirei algumas vezes lenta e profundamente, fechei os olhos e tentei entrar na cabeça do meu (prestes a ser) ex-marido. Foi uma tarefa difícil, como se pode imaginar, pois Dan era a última pessoa que eu desejava ser naquele momento. Comecei a pensar nas circunstâncias nas quais nos conhecemos e nos sentimentos que estavam presentes quando decidimos nos casar e constituir uma família. Enquanto me tornava receptiva à consideração do nosso relacionamento de outro ponto de vista, eu podia sentir a ansiedade tomar conta de meu corpo. Causava-me um grande espanto examinar o nosso relacionamento com outros olhos. Parte de meu ser implorava para voltar à segurança da minha própria realidade limitada e inflexível, mas eu insisti, tentando imaginar como Dan estaria se sentindo.

Comecei pelo princípio, a minha mudança para San Diego. Rememorando, tentei me recordar de coisas que Dan me dissera. Tentei imaginar como seria passar a vida me esforçando para economizar e manter sem dificuldades um dado estilo de vida. Então conheço uma mulher que julgo que irá realizar a minha fantasia de uma feliz vida familiar. Faço-lhe então a proposta. Com grande esperança e muito júbilo, ela e eu começamos a fazer planos para o nosso futuro. Chega o dia em que ela se muda para a casa que adoro.

Depois de ela finalmente se instalar e começarmos a nos fundir num casal feliz, essa mulher proclama que a casa de meus sonhos e a cidade em que vivo a fazem se sentir angustiada e infeliz. Ela decide que temos de vender a minha casa e mudar para uma cidade mais de seu agrado. Ao mesmo tempo, descobrimos que ela está esperando o filho que nós dois desejamos. Celebramos esse acontecimento e continuamos a criar o nosso sonho. Contudo, semanas mais tarde ela começa a se sentir muito mal e de súbito tudo o que se refere a mim fica errado. O sonho acaba antes mesmo de começar.

Não demorou muito para eu perceber como deve ter sido difícil para Dan viver comigo. Até esse momento, eu nunca tinha levado em conta a sua visão das coisas. Tudo o que tinha importado era a minha concepção.

Para seccionar os liames kármicos, temos de ser capazes de ver a vida com os olhos do nosso parceiro. Até o conseguirmos, viveremos numa realidade autocentrada. Se não nos dispusermos a entender a perspectiva da outra pessoa, continuaremos a nos julgar certos e a considerar o nosso parceiro errado. Os liames kármicos continuarão a nos manter presos até termos aprendido as lições que nos reuniram. Só podemos evoluir e crescer quando nos dispomos a renunciar à nossa visão narcisista de que as coisas são tais como as vemos e a tentar compreender a experiência da vida por intermédio dos olhos do outro.

Susie estava aprisionada na visão dolorosa e estreita de seu divórcio. Tinha 35 anos, adorava divertir-se e era mãe de quatro filhos. Passara a maior parte dos sete anos precedentes cuidando da família e sustentando o marido, Roger, até ele ter sucesso em sua profissão de advogado. Um dia, Roger chegou em casa e lhe disse que havia algo que precisava falar. Depois de pôr as crianças para dormir, Susie foi para a sala de estar conversar com Roger. Ela sentiu que havia alguma coisa errada, mas julgou que ele tivera um dia ruim no trabalho ou perdera alguma causa importante. Quando Roger começou a falar, saíram-lhe da boca palavras que Susie jamais esperara ouvir: "Sinto muito. Eu nunca quis que isso acontecesse e não sei como lhe dizer. Mas me apaixonei por outra mulher."

Susie ficou ali sentada, tomada pela estupefação, incapaz de se mover ou de falar. Ela escutou o amor de sua vida, sua alma gêmea, e o pai de seus filhos falar de seu caso e dizer que iria deixar a casa a fim de morar com a outra mulher. De cabeça baixa, ele murmurou calmamente que a outra mulher estava grávida. Roger garantiu a Susie que isso não havia sido intencionado. Disse-lhe que não havia com que se preocupar, pois ele naturalmente cuidaria dela e das crianças.

Um ano depois, Susie ainda estava tentando se recuperar daquilo que julgava ser o maior golpe da sua vida. Depois de se mudar e pedir o divórcio, Roger brigou para conseguir o máximo de bens que pudesse. Sua promessa de cuidar dela e dos filhos fora esquecida, e agora cabia à justiça fixar um montante compulsório a ser pago por ele como pensão.

Depois de anos de lágrimas e grandes acessos de raiva, Susie percebeu que tinha de sair dessa dolorosa situação. O problema não apenas a afetava como levara as crianças a ter crises emocionais e problemas disciplinares na escola. Ela lera muitos livros, ouvira inúmeras fitas, fora à igreja e rezara à sua força superior, mas nada parecia ajudar. Quando foi me procurar, ela estava rezando por um milagre.

O milagre de que Susie precisava era curar a si mesma e levar a vida adiante. Ela nada podia fazer para mudar o passado. O marido não iria voltar. E, por agora, a segurança pela qual ansiara não mais existia. Quando Susie estava preparada, pedi-lhe que escrevesse uma carta do marido dirigida a ela. Por alguns minutos, ela deveria deixar de ser Susie e passar a ser Roger. Perguntei-lhe como Roger se sentira ao desposá-la. O que ele teria dito? Susie escreveu a seguinte carta:

Querida Susie:

Eu a amei desde a primeira vez em que a vi. Independentemente do que aconteceu, nunca pretendi que o nosso casamento acabasse dessa maneira. Vi-me nas garras do esforço para ganhar dinheiro e você parecia estar satisfeita em seu papel de mãe. Nunca havia tempo para o nosso relacionamento. Você parecia ter perdido o interesse pelo sexo. As crianças vinham sempre em primeiro lugar, como é de esperar. Quando Jessica apareceu na minha vida, perdi todo o controle. Eu encontrara uma mulher que se interessava pela minha carreira e por mim. Lamento, mas simplesmente não tive forças para parar. Queira por favor me perdoar.

Roger

Para Susie, escrever a carta revelou como ela perdera o prazer com o sexo desde o nascimento do primeiro filho, o pouco tempo que tinha para dedicar às necessidades de Roger porque sempre punha as dos filhos em primeiro plano, e, para a sua surpresa, o pouco interesse que tinha por Roger antes do rompimento. Ver a vida em comum com os olhos de Roger deu a Susie alguma clareza e compreensão. Ela estava agora de posse da opção de usar essas novas informações para maltratar a si mesma ou para transformar a própria vida.

VIVENCIAR A ALTERIDADE

Até aquele momento, Susie fizera a opção de crer que era uma vítima. Sentia-se feia, sem valor e impotente. Sentia ciúmes do fato de Roger ter escolhido uma mulher profissionalmente bem-sucedida e que estava em boa forma física. Susie estava se afogando em sua própria mágoa, e, para sair disso, precisava passar pela experiência da "alteridade". A alteridade nos convida a entrar na vida das outras pessoas. Você só pode vivenciá-la se tiver a audácia de deixar de lado a limitada perspectiva do "eu" e vivenciar o outro. A meta última de uma vida espiritual é levar a pessoa a transcender o ego, a ultrapassar o mundo de seu pequeno eu, e ir à presença e ao bem-estar de seu eu divino.

Em meio a uma renhida batalha pela guarda dos filhos, James só podia ver o lado odioso, raivoso e vingativo de Sandy. Nos quatro anos de separação, James se sentira vítima da natureza implacável da ex-mulher. Ela chegara a acusá-lo de ter tido comportamento impróprio com a filha de 12 anos. Essa acusação chocante vinda de uma mulher que ele já amara fez James mergulhar na sensação mais sombria que já tivera.

A mera menção do nome dela, uma ligação dos advogados ou um comentário inocente dos filhos jogava James num frenesi de emoções tóxicas. Ele reunira milhares de provas que substanciavam a verdade de todas as idéias negativas que tinha sobre Sandy. O problema estava no fato de que, verdadeiras ou não, essas coisas terríveis estavam arruinando a sua vida. Os seus ressentimentos com relação à ex-mulher estavam afetando seus relacionamentos íntimos e interferindo em sua ligação amorosa com os filhos.

O objetivo do meu trabalho com James era encontrar um lugar no qual ele pudesse ao menos sentir alguma compaixão de Sandy e vivenciar a alteridade. Ele sabia que os sentimentos negativos que abrigava a respeito dela só serviam para acirrar as divergências entre os dois. Pedi a James que escrevesse uma carta da ex-mulher para ele. E, depois de muita resistência de sua parte, o que aflorou foi:

Querido James:

Eu me sentia realmente segura estando casada com você porque sabia que não tinha com que me preocupar e isso era de fato um alívio para mim. Você me apoiava nas tarefas da vida. Sinto falta dessa vida hoje. Luto pelas crianças porque, bem no íntimo, julgo que a sua influência sobre elas vai afastá-las de mim. E não sei se poderia viver sem elas. Elas são toda a minha razão de viver. Compreenda isso por favor e me perdoe.

Sinceramente,

Sandy

Por incrível que pareça, sempre podemos perceber a perspectiva de outra pessoa se nos dispusermos a fazê-lo. Depois desse exercício, James passou a fazer uma idéia do sofrimento de Sandy. Ainda que não tivesse resolvido muitos dos sentimentos raivosos que tinha com relação a ela, pela primeira vez em quatro anos James teve de fato a experiência da alteridade. Escrever a carta abriu o seu coração a Sandy, e ele pôde examinar a situação dos dois com novos olhos — olhos que incluíam tanto o seu mundo como o da sua ex-mulher.

Quando ampliamos a nossa perspectiva, optamos por novas interpretações para as nossas experiências e vemos por meio dos olhos de outra pessoa, conseguimos apoio no difícil processo de assunção da responsabilidade total pela nossa vida. As novas interpretações nos assistem na descoberta do significado que se oculta por sob eventos traumáticos ou desagradáveis. Podemos reinterpretar eventos negativos de modo a obter deles forças e apoio em nosso avanço. Quando passamos pela vida carregando o ônus do nosso passado indesejado, saturados de lembranças ruins e de emoções não-expressas, ficamos vergados. Sentimos uma perpétua nuvem pesada pairando acima de nós enquanto esperamos que surja o próximo problema. As nossas opiniões se reforçam e um sentimento de seriedade passa a permear o nosso mundo.

TOMAR DECISÕES CONSCIENTES

A mudança de nossa perspectiva nos permite escolher um novo lugar no qual estamos fortes ao invés de fracos. As decisões que tomamos neste exato momento vão afetar o resto da nossa vida. Se não escolhermos conscientemente a nossa interpretação, podemos de alguma maneira nos retrair por medo de ser magoados outra vez. É imperativo que você reconheça que tem a escolha de como encarar o seu divórcio, o seu parceiro e você mesmo. Você pode optar entre ver o seu ex-parceiro como inimigo e vê-lo como aliado. Trata-se de uma oportunidade de examinar as suas interpretações e inventar novas percepções para reconciliar as suas experiências. Fazê-lo vai capacitar você a expandir, ao invés de contrair, a sua capacidade de amar.

Você já foi jantar com um amigo que está azarado e que fica ali sentado se queixando de ser muito maltratado pela vida? Talvez ele se queixe de quanto o fizeram sofrer um amor ou o chefe. Como você se sente na presença dessa pessoa? Incitado a sair dali e passar a agir como ele ou condoído dele? Sente-se de coração leve e animado em sua presença ou abatido e triste? Todos são atingidos num ou noutro momento da vida por um golpe de má sorte. Não são os incidentes que nos fazem sofrer, mas a nossa decisão com respeito a cada evento.

O sofrimento emocional vem do modo escolhido por você para interpretar os eventos de sua vida. Se tem ficado contente com a idéia de que o seu parceiro venha a enganá-lo porque isso finalmente vai motivar você a se divorciar, quando ele o enganar você vai ficar feliz. Mas se pensou que fosse passar o resto da vida numa bem-aventurança conjugal, ou pelo menos casado, a notícia de que o seu parceiro está tendo um caso provavelmente vai lhe causar um terrível sofrimento emocional.

A severidade de seu sofrimento sempre corresponde ao número de eventos não-curados semelhantes que vivem pairando como feridas abertas em seu corpo emocional. Se você foi abandonado várias vezes antes e nunca reinterpretou nem curou esses eventos, eles vão permanecer, alimentando as suas atuais dores de cabeça. A intensidade de seu sofrimento varia de acordo com o número de vezes em que você foi abandonado. O doutor Patrick Dorman, criador do processo da "Mind Gardening" (Jardinagem Mental), afirma: "O fato de você trazer consigo um grande ônus emocional prejudica a sua capacidade de interpretar os eventos de maneiras que o fortaleçam."

O seu modo de considerar o seu passado e as suas decisões relativas às suas atuais circunstâncias alteram o seu modo de lidar com a vida agora e no futuro. Cada qual tem o seu sofrimento específico. Não é possível comparar divórcios e histórias de divórcios uns com os outros. Não se podem comparar intensidades de sofrimento. Cada qual tem seu próprio nível de tolerância para diferentes experiências, dado que cada qual vê as coisas através de olhos diferentes. É possível que duas pessoas passem pela mesma experiência e somente uma a use como uma oportunidade de fortalecimento de seus próprios recursos interiores, enquanto a outra se sirva dela como uma desculpa para beber ou usar drogas. Nem sempre podemos escolher o que acontece conosco; contudo, como somos abençoados com o livre-arbítrio, sempre podemos escolher a forma como vamos interpretar cada incidente e como vamos usá-lo a fim de seguir em frente em nossa vida.

INVENTAR NOVAS INTERPRETAÇÕES

Os eventos de nossa vida não têm um significado inerente. Somos os narradores e somos nós que os dotamos de significado. Decidimos o que cada evento significa e como vai afetar a nossa vida. Cada interpretação que optamos por aplicar pode tanto melhorar a nossa qualidade de vida como degradá-la. Cada evento negativo pode tanto abrir os nossos olhos para uma oportunidade de mudar positivamente o curso da nossa vida como nos lançar num poço sem fundo de dor, de sofrimento e de maus-tratos infligidos por nós mesmos. A auto-sabotagem nasce do fato de estarmos feridos, indicando que trazemos conosco questões emocionais não-resolvidas que precisam de cura. Os nossos comportamentos autodestrutivos existem para nos recordar de que alguma coisa de nossa vida está chamando a nossa atenção. Criar interpretações positivas é algo que lança um desafio à nossa visão de mundo e altera o nosso modo de ver a nós mesmos e aos outros.

O passo seguinte de meu trabalho com James foi examinar as interpretações que estavam solapando as suas relações com Sandy. Iniciamos pela sua crença essencial: "Nada que eu faça vai contentar Sandy." James podia perceber que, enquanto mantivesse essa concepção, Sandy jamais poderia ficar feliz ou satisfeita. Isso anulava qualquer possibilidade de ela se afigurar a ele de outra maneira. Expliquei-lhe que as nossas interpretações atuam como um filtro, e este impede a passagem de tudo aquilo que não se mostre compatível com a nossa crença.

Por exemplo, se a sua interpretação de seu parceiro o vê como alguém de mente fechada e compulsivo, você torna presente esse filtro — que consiste em certas atitudes, idéias e crenças a respeito dele — em todas as conversas que tiver com ele. Em todas as suas interações, você o escuta por meio do filtro que diz que ele é compulsivo e tem a mente fechada, e as suas crenças o levam a vivenciá-lo dessa maneira. É quase impossível que ele apareça sob outra ótica, dado que o seu filtro rejeita automaticamente toda informação que contraria a sua crença. Tudo o que ele tenta fazer ou dizer que contrarie as suas crenças simplesmente não é registrado em sua cabeça. Essa recusa em registrar informações contrárias às suas crenças permite que o seu ego valide as suas opiniões inflexíveis e lhe dê o contentamento de estar com a razão.

As nossas experiências estabelecem as nossas crenças — e as nossas crenças estabelecem a nossa realidade. Como não nos é possível recuar no tempo para alterar as nossas experiências, se quisermos mudar a nossa realidade temos de modificar as nossas crenças. Esse é o passo que nos permite mudar a dinâmica dos nossos relacionamentos e comportamentos, bem como alterar a nossa realidade futura.

Nossa mente é um poderoso criador; nós a alimentamos com pensamentos e crenças que nos fazem evoluir ou com pensamentos e crenças que nos fazem regredir. Se James tivesse continuado a se apegar às suas crenças negativas sobre a ex-mulher, essas crenças teriam afinal não só destruído a relação dele com Sandy como prejudicado seu relacionamento com os filhos.

A única maneira que encontrei de afrouxar o aperto das interpretações negativas arraigadas que drenam a força vital consiste em exagerar a interpretação de base que filtra a nossa experiência. James precisava reinterpretar a sua crença de que nada do que podia fazer iria contentar Sandy. Pedi-lhe que elaborasse três interpretações de Sandy que fossem ainda piores do que a atual. E lhe pedi em seguida que elaborasse três interpretações positivas. No final do exercício poderíamos decidir que interpretações o deixavam irritado, ressentido e desapontado e quais o ajudavam a se sentir forte. Ele teria então a liberdade de criar a possibilidade de um relacionamento saudável e estável de cuidado conjunto dos filhos entre dois adultos com um vínculo comum.

AS INTERPRETAÇÕES NEGATIVAS QUE JAMES FEZ DE SANDY

1. Sandy deseja regredir e fazer de mim o seu pai. Ela quer que a minha vida se resuma a cuidar dela. Deseja transformar a minha vida num inferno.
2. Sandy deseja que eu renuncie à minha própria existência e seja sufocado pelas necessidades dela.
3. Por puro despeito, Sandy vai permanecer vulnerável para me mostrar que perdedor que não serve para nada eu sou.

AS INTERPRETAÇÕES POSITIVAS QUE JAMES FEZ DE SANDY

1. A dádiva do fato de eu não deixar Sandy feliz é que agora ela tem de se tornar feliz com seus próprios esforços. Isso me dá plena responsabilidade pela minha própria felicidade.
2. A determinação de Sandy de nunca me deixar fazê-la feliz me impele e me motiva a encontrar a paz de espírito num nível superior.
3. Não ser capaz de fazer Sandy feliz fortalece a minha resolução de ter sucesso no mundo e encontrar uma constante bem-aventurança em lugares inesperados.

James examinou todas essas novas interpretações e reconheceu que algumas delas ou todas podiam ser verdadeiras. Dessa nova perspectiva, ele decidiu que não queria mais carregar o ônus de sua velha interpretação enfraquecedora, de modo a poder optar pela interpretação de que "não ser capaz de fazer Sandy feliz fortalece a minha resolução de ter sucesso no mundo e encontrar uma constante bem-aventurança em lugares inesperados".

Ele se voltou em seguida para a interpretação de que "a missão de Sandy na vida é tentar conseguir a minha profunda e total aniquilação".

AS INTERPRETAÇÕES NEGATIVAS QUE JAMES FEZ DE SANDY

1. A tarefa de Sandy é me torturar por meio da sabotagem de tudo aquilo que tem importância para mim — o meu papel de pai, a minha vida amorosa e a minha libido.
2. A vida de Sandy está voltada para me transformar num homem que odeie as mulheres, um homem raivoso e insatisfeito.
3. O papel de Sandy é me humilhar e fazer que eu me sinta uma pessoa errada.

AS INTERPRETAÇÕES POSITIVAS QUE JAMES FEZ DE SANDY

1. Os constantes golpes que Sandy me dá tornam-me uma pessoa humilde e desapegada de modo iluminado, forçando-me a me entregar ao meu eu superior.
2. Graças a Sandy, posso amar melhor, pois conheço o que se opõe ao amor, e o meu conhecimento do que é viver sem amor reforça a minha natureza amorosa.
3. Sandy renuncia a ser uma pessoa gentil e amorosa e me inspira a ser o contrário dela. Ver a infelicidade que ela impôs a si mesma me ensina a criar amor cada vez mais na minha vida.

James concordou mais uma vez que algumas delas ou todas essas interpretações podiam ser verdadeiras. Ele escolheu "graças a Sandy, posso amar melhor, pois conheço o que se opõe ao amor, e o meu conhecimento do que é viver sem amor reforça a minha natureza amorosa". Essa interpretação o fez rir e se sentir bem com relação a Sandy.

Para mudar as nossas interpretações, temos de investigar o nosso passado e criar potentes novas interpretações que nos habilitem a assumir plena responsabilidade pelos eventos de nossa vida e descobrir a dádiva que cada momento traz. Isso requer tempo e esforço, mas os benefícios podem transformar os nossos relacionamentos e a nossa vida. Muitos desejam esquecer o passado, mas Friedrich Nietzsche nos diz que desejar apagar o passado é querer apagar a própria existência. Em vez de desejar apagar o nosso passado doloroso, precisamos reinterpretar as nossas crenças sobre cada evento de forma a ser gratos pelas experiências pelas quais passamos.

Como diz um velho ditado: "A vida é a escola do sábio e o inimigo do tolo." Se considerarmos a vida uma escola, a única pergunta que precisaremos fazer é: "O que preciso aprender com isto? Por que precisei passar por essa experiência? Como posso utilizar essa experiência para enriquecer a minha vida?"

John McShane, um renomado advogado especialista em divórcios, falou-me recentemente de seu esforço com vistas a estimular os clientes a ter um Divórcio Espiritual. Ele crê que todas as pessoas podem escolher o seu próprio caminho se quiserem aprender com a própria experiência e com a do parceiro. John incita os clientes a se esforçar muito nesse período difícil, bem como a curar as partes mais profundas de si mesmos.

John discorreu sobre as suas próprias filosofias. A maioria das pessoas resiste ao sofrimento, mas John tem a opinião contrária: "Gosto de saber que estou fazendo um bom acordo, e por isso sempre tento fazer o meu sofrimento chegar ao máximo. O diabo me carregue se eu passar pelo sofrimento sem extrair dele o valor que tem. Desejo colher todos os benefícios." Ele crê que reclamar, resmungar, lamentar-se ou se entregar a acessos de raiva nos tira a oportunidade de obter o máximo de proveito do nosso sofrimento. É nossa responsabilidade extrair o máximo de benefícios de todos os acontecimentos que batem à nossa porta. Podemos sucumbir à facilidade e à familiaridade da condição de vítima ou podemos lançar a nós mesmos o desafio de seguir o caminho que leva à grandeza.

No ano passado, trabalhei com um casal que corria o risco de se divorciar. Como cada membro carregava muitos ressentimentos um com relação ao outro, era-lhes impossível viver juntos no presente e prever um futuro no qual continuassem assim. Era melhor acabar tudo do que continuar a seguir os mesmos padrões que vinham assolando o seu casamento há vários anos.

Começamos pela descoberta das crenças de base que determinavam o comportamento de um com respeito ao outro. Allen estava cansado das constantes queixas de Deana de que ele não conseguia ganhar o bastante e de que ela deveria ter se casado com um homem rico. De acordo com a interpretação que dava à reclamação de Deana, Allen formara a crença de que "nunca vou ganhar o suficiente para satisfazer os caros gostos de Deana".

A interpretação de Allen o enfraquecia e o deixava com a sensação de que a única alternativa era se divorciar de Deana para que ela finalmente arrumasse um marido rico. Sua sensação de falta de valor desencadeou sua constante raiva de Deana. Eu queria que ele se desse conta de que Deana estava simplesmente exprimindo as frustrações e os desejos dela com respeito ao dinheiro e de que ele, e não Deana, estava fazendo que as palavras dela significassem "Allen nunca vai ganhar o suficiente para satisfazer Deana".

Mesmo que ela concordasse com essa interpretação, Allen podia optar por usar a insatisfação dela tanto para fortalecer-se como para enfraquecer-se. Eu desejava que ele compreendesse o poder da escolha de interpretações e passasse pela experiência de ver que havia muitas opções à sua disposição. Orientei-o a criar algumas interpretações negativas do comportamento de Deana que fossem piores do que aquela que ele já elaborara. Ele formulou as seguintes interpretações:

AS INTERPRETAÇÕES NEGATIVAS QUE ALLEN FEZ DE DEANA

1. Deana está disposta a me torturar e a arruinar a minha vida. Quer extrair de mim o último centavo, a fim de me fazer morrer falido.

2. Minha tarefa consiste em sacrificar todas as minhas necessidades e todos os meus desejos para satisfazer os desejos autocentrados e egoísticos de Deana.

3. Deana é preguiçosa e egocêntrica, e a minha tarefa consiste em fazer tudo por ela sem que ela faça coisa alguma.

Pedi então a Allen que elaborasse algumas interpretações positivas de Deana. Estimulei-o a ser criativo e a tentar criar interpretações que o fizessem rir mesmo que parecessem ridículas. Ele criou as seguintes interpretações:

AS INTERPRETAÇÕES POSITIVAS QUE ALLEN FEZ DE DEANA

1. Deana me ama mais do que qualquer outra pessoa de todo o universo poderia me amar. Ela mantém na ordem do dia seus

diálogos interiores sobre ter um marido rico a fim de me fazer examinar os meus problemas e fazer que eu me torne a melhor pessoa que me é possível ser.

2. Deana tem uma atitude de verdadeiro assombro diante de minhas capacidades e talentos e sabe que estou destinado a realizar grandes façanhas. Seu diálogo interior me ajuda a descobrir a minha real verdade.

3. Deana deseja um marido rico em amor, em paixão e em admiração pelas coisas maravilhosas que há no mundo.

Agora que Allen tinha escrito seis novas interpretações, pedi-lhe que identificasse as que o fortaleciam e as que não o fortaleciam. Era fácil ver que qualquer uma dessas interpretações podia ser verdadeira, e que cabia, em última análise, a ele escolher as lentes por intermédio das quais desejava ver Deana.

Orientei-o a escolher uma interpretação que lhe fizesse bem. Ele escolheu "Deana me ama mais do que qualquer outra pessoa de todo o universo poderia me amar. Ela mantém na ordem do dia seus diálogos interiores sobre ter um marido rico a fim de me fazer examinar os meus problemas e fazer que eu me torne a melhor pessoa que me é possível ser". Ele podia perceber que essa poderia ser de fato a verdade, mas por causa de suas próprias feridas não-curadas com respeito ao dinheiro, toda vez que Deana exprimia os seus temores, os seus desejos e as suas preocupações com relação à situação financeira dos dois, Allen imediatamente fazia isso soar como uma coisa negativa.

Passamos ao próximo empecilho a um relacionamento íntimo e amoroso de Allen com a mulher. Ele concluíra que as muitas oscilações de estado de espírito de Deana decorriam do fato de ela ser maníaco-depressiva. Ao sugerir constantemente que ela procurasse ajuda profissional, Allen a fizera sentir-se doente e patética. Allen criou as novas interpretações a seguir para explicar os estados emocionais de Deana.

AS INTERPRETAÇÕES NEGATIVAS QUE ALLEN FEZ DE DEANA

1. Deana usa as suas emoções para me drenar as energias e tirar a vida de todas as células do meu corpo porque me odeia.

2. Deana na verdade enlouqueceu e se mantém numa atitude de negação. Ela quer arruinar a minha vida.

3. Deana está tão emocionalmente perturbada que não há como administrar a minha vida. Enquanto permanecer com ela, estarei desequilibrado; e a culpa é toda dela.

AS INTERPRETAÇÕES POSITIVAS QUE ALLEN FEZ DE DEANA

1. Deana é uma sábia, e não se pode entendê-la tal como se entendem as pessoas normais.

2. Deana tem uma enorme paixão pela vida e a exprime de uma maneira que se assemelha ao comportamento de um maníaco-depressivo.

3. Deana é uma pessoa verdadeiramente espiritualizada, e interpreta de maneira ardorosa as suas experiências num nível emocional intenso e extremo. Aprendo muito com ela.

Mais uma vez Allen percebeu o valor do exame e da criação de novas interpretações. Ele se deu conta de que podia usar quaisquer dessas interpretações e de que, em última análise, era uma escolha sua ser fortalecido ou enfraquecido. Allen optou por interpretar o comportamento de Deana como "Deana é uma sábia, e não se pode entendê-la tal como se entendem as pessoas normais".

Quando examinar as suas interpretações, você tem de perguntar a si mesmo: "*Esta interpretação me torna capaz ou incapaz? Ela me torna fraco ou forte?*" Se ficar se sentindo enfraquecido por suas percepções, você vai precisar examinar os seus diálogos interiores e substituí-los por uma conversa positiva e que lhe confira poder, deixando-o pleno de esperanças. A fim de fazer esse exercício de maneira eficaz, você tem de registrar por escrito cada uma das interpretações. Fazê-lo com a cabeça não produz resultados. O ato de escrever as suas interpretações permite-lhe vê-las com os seus próprios olhos e começa a abalar o domínio das emoções negativas que se acham vinculadas com as suas circunstâncias.

A escolha consciente de interpretações se configura como um apoio para que tenhamos uma vida extraordinária. Se nos mantivermos apegados às nossas concepções negativas acerca de nosso parceiro, vamos vê-lo continuamente com olhos críticos. As nossas crenças limitadoras não apenas nos mantêm firmemente vinculados com o nosso parceiro como também criam sem cessar mais desilusão, mais sofrimento e mais ressentimento. Você pode estar dizendo: "Mas a minha ex-mulher é de fato uma megera que só pensa em si." O que sugiro é: nenhuma das interpretações que escolhemos é verdadeira — nem as que temos agora nem as que vamos inventar —, dado que, através de olhos diferentes, toda pessoa, todo lugar e todo acontecimento se apresenta de modo diferente. Você pode considerar que a sua ex-mulher tem um comportamento marcado pela preguiça ou pela intolerância, mas garanto que nem todas as pessoas têm dela essa experiência. O que importa ver é que, quando você se apega a concepções negativas, elas sugam a sua energia vital e tiram dos outros a oportunidade de mudar em sua presença.

Chegou a vez de Deana, e ela queria curar as interpretações negativas que a impediam de vivenciar o amor que sentia por Allen. A primeira crença que alimentava o ressentimento de Deana era: "Allen não me ama o bastante para me proporcionar o estilo de vida que desejo."

AS INTERPRETAÇÕES NEGATIVAS QUE DEANA FEZ DE ALLEN

1. Allen me odeia tanto que deseja assegurar-se de que a cada dia que passo neste planeta eu vivencie a privação e sentimentos de falta de valor.

2. Sou uma megera tão amaldiçoada, malévola e repelente que Deus enviou Allen para me torturar e garantir que eu me arrependa de todos os meus pecados e vivencie a degradação e a dor todos os dias da minha vida.

3. Allen acha que sou uma mulher histérica, tresloucada, sem méritos, mimada e egoísta.

AS INTERPRETAÇÕES POSITIVAS QUE DEANA FEZ DE ALLEN

1. Allen deseja me apoiar para que eu alcance o meu mais elevado potencial e para me oferecer a experiência e a realização de alcançar o sucesso com os meus próprios recursos.

2. Allen acredita em meus talentos e capacidades e deseja que eu me exprima de modo pleno. Não atender ao meu desejo de que cuide de mim é a sua maneira de me apoiar.

3. Allen deseja que eu seja sua parceira na criação de uma vida comum rica em vez de me dar tudo.

Deana ficou surpresa com o fato de se sentir muito melhor simplesmente por ter feito esse exercício. Ao inventar e registrar por escrito novas interpretações positivas e negativas, é fácil ver como é tolice ficar apegado a uma postura que faz você se sentir mal. Deana escolheu: "Allen deseja me apoiar para que eu alcance o meu mais elevado potencial e para me oferecer a experiência e a realização de alcançar o sucesso com os meus próprios recursos."

À luz de suas novas interpretações, Deana pôde perceber que era exatamente isso que Allen podia fazer para lhe dar apoio na realização de seu potencial. Ela estava acostumada a ter uma figura paterna cuidando das coisas por ela, mas a sua dependência sempre a fazia sentir-se mal com relação a si mesma. Ela desejava mais dinheiro para ficar no mesmo nível de todas as suas amigas mais abastadas. Mas Deana era diferente das pessoas com as quais costumava conviver e sempre teve um profundo desejo de ajudar os outros e deixar a sua marca no mundo. Num nível bem profundo, ela sabia que Allen faria qualquer coisa para apoiá-la na realização dessa meta.

Compreender o poder das nossas interpretações é uma parte essencial do processo de cura. Não escolhemos necessariamente novas interpretações para ser gentis com nosso parceiro; escolhemo-las para ser gentis com o nosso próprio ser. Mesmo que ver alguém com outros olhos seja uma das melhores dádivas que você pode oferecer a alguém, preferimos ver com novos olhos para que nós mesmos possamos nos sentir mais fortes. Ver através de novas lentes abre toda uma nova gama de possibilidades — para nós, para os nossos filhos e para a pessoa de quem estamos nos separando. Trata-se de um processo de assunção da responsabilidade por aquilo que vemos e pela maneira como nos sentimos. Nenhuma outra pessoa pode fazer isso por nós. Temos de fazê-lo pessoalmente.

Prefiro crer que meu ex-marido vai fazer tudo o que eu preciso que ele faça. Nem sempre é isso que se manifesta no mundo exterior, mas com certeza me facilita a tarefa de encarar o mundo exterior. E é uma interpretação que me deixa com a sensação de que tenho antes um parceiro e amigo do que um adversário.

PASSOS DA AÇÃO DE CURA

1. Escreva uma carta dirigida a você pelo seu parceiro. É importante fazer isso num momento em que você esteja um tanto calmo. Vá dar uma caminhada ou veja um filme engraçado antes de se dedicar a essa tarefa. Quando se sentir preparado, pegue uma folha de papel e uma caneta e deixe-os perto de você. Feche os olhos e respire lenta e profundamente cinco vezes. Permita-se imaginar o seu parceiro sentado na sua frente. Dê a si mesmo permissão para se tornar seu parceiro. Inspire a *persona* de seu parceiro e, quando estiver pronto, abra os olhos e comece a escrever: "Querido[a] (o nome dele[a])..." A partir desse momento, não pense — apenas tente ser o seu parceiro e ver o que ele diz acerca do que é estar casado com você.

2. Escreva todas as interpretações negativas que tiver sobre o seu parceiro. Eis alguns exemplos:

- Meu marido é um pai inepto.
- Minha mulher é emocionalmente instável.
- Meu marido seria capaz de vender a própria mãe.

Elabore agora três interpretações que sejam ainda piores do que as primeiras.

3. Crie, para cada uma de suas antigas interpretações, três novas interpretações positivas. Se precisar de ajuda, reveja a seção correspondente deste capítulo. Agora escolha a interpretação de seu parceiro que o deixa com um sentimento de força e de capacidade.

4. Escreva as suas novas interpretações do comportamento de seu parceiro em fichas ou em lembretes autocolantes e disponha-os em lugares nos quais você os veja com freqüência. Faça isso para se recordar de que a "realidade" é um ato de interpretação e de que a todo momento você pode optar por interpretar os eventos de sua vida de formas que o deixem com plena capacidade em vez de enfraquecido.

~ Capítulo Nove ~

AS DÁDIVAS DO CASAMENTO

Talvez todas as coisas terríveis sejam, em sua mais profunda essência, algo que precisa do nosso amor.

RAINER MARIA RILKE

Tendo escolhido novas interpretações, podemos iniciar o processo de acolhida das dádivas de nosso casamento. Sempre que somos traídos ou desiludidos, é natural que nos apeguemos à nossa dor como um mecanismo de defesa. A voz da raiva e da mágoa sempre nos diz para ficar em guarda e ter cuidado. O nosso sofrimento endurece o nosso coração e tolda a nossa visão, impedindo-nos de ver as dádivas que recebemos de nosso casamento e de nosso divórcio. A Lei da Escolha nos outorga a liberdade de ultrapassar o nosso passado e os nossos sentimentos negativos. Ela nos proporciona os instrumentos para ver com novos olhos as experiências que o nosso casamento nos ofereceu. A Lei da Escolha afirma que temos o poder de escolher ver o rompimento por que passamos com os olhos do sofrimento ou com um coração grato.

Nesse ponto, você pode não se sentir muito preparado para ser grato, porém as suas alternativas são sombrias. Enquanto negar as lições e as dádivas que o seu parceiro esteve tentando lhe proporcionar, você continuará preso à própria coisa de que deseja se livrar. "Libertar os outros significa libertar a si mesmo", diz o grande líder espiritual Emmett Fox. "Quando mantém ressentimentos com relação a alguém, você fica apegado a essa pessoa por meio de um vínculo cósmico, grilhões reais, de metal resistente. Você fica vinculado por meio de um liame cósmico à coisa que odeia. Talvez a pessoa de quem você menos goste no mundo seja aquela à qual você está se prendendo por meio de um gancho mais forte do que o aço." Mesmo que julgue que a pessoa bem merece sua raiva, sua mágoa, sua desilusão e seu ressentimento, a não ser que pretenda carregar essa pessoa nas costas onde quer que vá por toda a sua vida, você pode querer considerar o perdão como a *única* solução para vir a se tornar uma pessoa íntegra, completa e livre.

Quando comecei a compreender como os meus ressentimentos me prendiam às pessoas de quem menos gostava, achei a situação quase cômica. A minha intenção fora usar a raiva para me proteger da possibilidade de voltar a ser magoada pelas mesmas pessoas. Meu ego escoriado desejava criar distância entre mim e meus inimigos, mas em vez de tirar algo deles, eu estava lhes dando o meu bem mais valioso. Ao me ressentir deles, eu lhes entregava a minha energia, bem como um poder total e completo sobre o meu bem-estar emocional.

A simples menção ao nome do meu inimigo ou uma referência a uma história semelhante já fazia meu sangue ferver. Bastavam segundos para isso desencadear todos os sentimentos ruins que jaziam adormecidos em meu íntimo. Num átimo, a pessoa de quem eu me ressentia ficava com o poder de vir ao meu encontro onde quer que eu estivesse. Eu podia estar numa festa, num encontro ou no supermercado — se fossem ditas as palavras erradas, a pessoa aparecia de imediato no primeiro plano da minha mente, acompanhada de todas as lembranças tóxicas do meu passado.

Esses sentimentos tóxicos sempre me acompanhavam, quer eu tivesse ou não tivesse consciência deles. Alguém me disse uma vez que temos de perdoar as pessoas de quem de fato não gostamos ou a quem detestamos porque só assim elas saem completamente de nossa consciência. Se as ama, apegue-se ao seu ressentimento e você poderá levá-las consigo aonde quer que vá.

Pertencemos a tudo aquilo a que estamos ligados de modo negativo. As correntes de freqüência que sustentam os nossos pensamentos negativos são tão fortes que atraem continuamente experiências negativas semelhantes. São espantosas as implicações negativas do nosso ódio. Os nossos velhos ressentimentos determinam todos os nossos relacionamentos. Eles nos dizem o grau de proximidade que podemos ter com relação aos outros e a espessura que devem ter as barreiras para mantermos a segurança emocional. Eles governam o nosso comportamento cotidiano, dizendo-nos quantos riscos podemos correr. E criam uma cerca de proteção invisível ao redor do nosso coração.

Esse tipo de proteção é, no entanto, ilusório. Nunca estamos de fato protegidos da mágoa e do sofrimento, que são simplesmente uma parte da vida, do viver e do crescer. Todas as coisas vivas têm de crescer para não morrer. A folha madura cai no solo, criando espaço para um novo crescimento. Meu ex-marido disse-o belamente um dia desses: "Não há mudança sem perda." A proteção plena da perda equivaleria literalmente a fechar a porta a todas as possibilidades.

Para nos aproximar o máximo possível de uma sensação de segurança, temos de confiar e acreditar que podemos cuidar de nós mesmos em meio a qualquer tormenta, e que o faremos. Estamos seguros quando o nosso coração é pleno de amor e de compaixão. Somos invulneráveis aos ataques quando repousamos na magnificência e na enormidade do nosso ser. Se somos interiormente gentis, dedicados ao outro e amorosos, vamos atrair pessoas que nos enviarão de volta esse mesmo amor.

Escolher o perdão é necessário para alcançarmos a boa saúde emocional e mental. Se preferir assentar-se num lugar de gratidão e de perdão, você começará a vibrar numa freqüência mais elevada e vai atrair naturalmente outras pessoas que vão reenviar isso a você. Se o seu coração estiver cheio de amor e de compaixão, você vai obter sem cessar esse mesmo amor e essa mesma compaixão dos outros. Do mesmo modo, se a sua mente estiver repleta de ressentimentos e de críticas, você vai atrair pessoas ressentidas e críticas ou pessoas que ampliarão o seu sofrimento emocional.

Está apenas em suas mãos colher as dádivas de seu casamento. Se você não o fizer, elas permanecerão fechadas e sem uso. Ver a própria vida com os olhos da gratidão permite-lhe receber as dádivas e aprender as lições referentes ao período passado com o seu parceiro. As lentes da gratidão estão sempre presentes. Podem estar um tanto empoeiradas, mas se quiser você pode fazer a opção de olhar através delas. Descobrir e acolher as dádivas de seu casamento permite que você corte os liames kármicos que o vinculam com o seu parceiro de forma negativa. Feito isso, você pode escolher seguir em frente com a sua vida.

Trabalho com muitas pessoas que se divorciaram há muito tempo, algumas há vinte anos, e que, mesmo depois de desposar outra pessoa, ainda estão casadas karmicamente com o primeiro parceiro. Justin estava casado com Danielle fazia doze anos. Quando se descobriu pronto a terminar o casamento, ele procurou ajuda. A primeira coisa que fizemos juntos foi um curto exercício de visualização para determinar que feridas emocionais não-curadas estavam vinculadas com o seu desejo de acabar o casamento. Para a surpresa de Justin, a pessoa que lhe surgiu na consciência não foi a sua atual mulher, mas a primeira, Helen. Ele estava divorciado dela havia dezessete anos, mas ao olhar para dentro de si mesmo, o que surgiu foram todas as questões não-resolvidas que tivera em sua vida com Helen.

A sua separação tinha sido conturbada: ele tinha mentido muito sobre questões de dinheiro. Ele roubara dela uma valiosa máquina fotográfica e a vendera a fim de conseguir dinheiro para comprar drogas. Justin ainda carregava consigo o seu crime, mesmo que não tivesse pensado nele durante quatorze anos. Expliquei-lhe que seria muito difícil ver com clareza os problemas que ele tinha com a sua atual mulher enquanto não rompesse os liames kármicos com a ex-mulher.

Quando fechou os olhos e perguntou ao eu superior o que precisava fazer a fim de completar esse casamento, Justin percebeu que precisava devolver a máquina que roubara e escrever uma carta a Helen agradecendo-lhe por tê-lo deixado. A decisão de Helen de acabar com o casamento tinha sido o catalisador de que Justin precisava para finalmente abandonar as drogas, e o divórcio lhe dera muitas valiosas lições de vida, tendo sido o começo de um novo capítulo em sua vida. Justin se corrigira e tomara a decisão de imitar Helen e a família dela tornando-se responsável no tocante às finanças. Durante muitos anos ele fizera justamente isso, ganhando bem, pagando as contas e economizando para o futuro.

Com um sentimento de gratidão, Justin localizou e comprou uma máquina fotográfica igual à que roubara, embalou-a junto com a carta e a enviou a Helen, pedindo-lhe perdão. Passado um mês, ele se mostrava jubiloso por ter resolvido o seu passado. Tendo ele cuidado de seu antigo relacionamento, alguma coisa mágica começou a acontecer com a atual esposa dele. Justin pôde, pela primeira vez, fazer-se presente em casa e ver as muitas maneiras pelas quais criara com Danielle o mesmo relacionamento que tinha com Helen, dessa vez com os papéis trocados. Agora, Justin realizava a função de Helen, de cônjuge responsável, sensível, enquanto Danielle estava claramente agindo como ele agira antes, sendo irresponsável em termos financeiros. Agora que tinha seccionado o liame kármico com a ex-mulher, Justin pôde completar essa parte de sua vida e assumir a responsabilidade pela condição de seu relacionamento atual.

A experiência do karma obtém a nossa atenção no presente, que nos é imposto por experiências do nosso passado. Eis por que é imperativo que completemos e curemos todos os nossos relacionamentos. Enquanto não fizermos isso, manteremos o passado vivo ao trazê-lo de modo contínuo para o presente.

Enquanto não acolhermos as dádivas que recebemos de nosso casamento, o liame kármico com esse relacionamento permanecerá intacto. Sob o peso do passado, continuamos a arrastar conosco, aonde quer que vamos, os nossos problemas emocionais não-curados. O nosso passado extrai a vitalidade de nossos relacionamentos futuros. E, mais do que isso, constitui um constante lembrete dos nossos temores e dos nossos sofrimentos. O apego ao passado é uma receita certa para a recriação de situações semelhantes até aprendermos as lições que o nosso parceiro esteve tentando nos dar. Se não reconhecermos as dádivas que estavam destinadas a nós, elas permanecem pendentes e não temos acesso a elas.

Costumo ouvir "Aprendi a lição, mas não gostei de ela ter acontecido". A minha sugestão é que, se se sente assim, você na verdade não recebeu as dádivas nem acolheu as lições de seu casamento. Quando aprendemos de fato as lições que nos foram dadas pelo nosso ex-parceiro, vemos com gratidão e valorizamos a experiência por mais difícil que ela tenha sido. Integramos a experiência e a usamos para nos tornar pessoas melhores. Tendo digerido as nossas experiências, transformamo-las num recurso que contribui para o nosso ser e para o modo como nos sentimos com relação a nós mesmos.

Garanto que, se se sentir de fato bem com o seu próprio ser, você vai ser grato a todas as pessoas que deram uma contribuição para a receita de que resultou você mesmo. Honrar as próprias experiências em vez de permanecer no sofrimento promove a gratidão e recompensa você com o estado jubiloso de liberdade emocional.

APRENDER AS LIÇÕES

O caminho para a cura de Katherine foi longo e doloroso. Ela estava casada com Eric fazia quatorze anos. Katherine tinha uma louca paixão pelo marido, embora ele fosse dado a maltratá-la emocionalmente. Eric passava de um minuto para o outro da loucura de Charles Manson à compaixão de Gandhi. Era o aspecto Gandhi de Eric que mantinha Katherine ao seu lado.

Era um casamento difícil no qual Katherine ganhava a maior parte do dinheiro e tinha a seu cargo a maior parte dos cuidados com os três filhos. Um dia, depois de Eric passar uma semana exibindo seu comportamento errático e abusivo, Katherine concluiu que já não era seguro para ela e para os filhos continuar a morar com ele, e acabou por decidir partir. Embora ainda amasse Eric, Katherine já não podia justificar a sua tolerância em relação ao comportamento dele. Mortalmente assustada com o que ele poderia fazer se os encontrasse, ela resolveu esconder-se.

Katherine se deu conta de que a sua idéia de amor se construíra a partir de muitas concepções errôneas que tivera no passado. O comportamento abusivo de Eric assemelhava-se ao do pai dela, que tinha as mesmas características. Como tinha aprendido a amar os homens a partir do pai, ela se sentia à vontade com um homem como Eric, que a tratava tal como o pai o fizera. Katherine sabia instintivamente que a única maneira de se livrar de Eric era deixar a cidade onde morava e se esconder. Ela temia por sua própria vida e pela das crianças.

O dia chegou. Katherine acordou, vestiu-se e foi-se embora com os filhos, para nunca mais voltar. Abandonar a empresa que tinha a deixou com problemas financeiros. Durante um mês Katherine viveu muito mal, escondendo-se na casa de amigos e dormindo em hotéis baratos em partes obscuras do estado. Por fim, desesperada, ligou para a família pedindo ajuda. Para a sua surpresa, a família toda se uniu para apoiá-la na construção de uma nova vida. E ela teve a maior surpresa de todas: o pai fez uma longa viagem de avião para ir ao encontro dela e das crianças. Ele as encontrou no aeroporto de Chicago, pagou a passagem de todos e os levou de avião para a Flórida.

Você vai pensar que a terrível experiência do casamento com Eric foi suficiente, mas Katherine precisou passar por mais um casamento conturbado para perceber que talvez todo o caos de sua vida tivesse relação com ela mesma. Assim que a lampadinha interior se acendeu, ela começou a perceber a sua participação no drama de sua vida. Foram-lhe necessários vários anos de exame da própria alma para se dar conta de que a única maneira de se libertar do passado seria assumir a inteira responsabilidade por todas as situações nas quais se pusera.

Com delicadeza e compreensão com respeito à parte ferida de seu próprio ser, Katherine assumiu a responsabilidade por permitir-se ser objeto de maus-tratos e por permitir a entrada desses homens em sua vida. Ela combateu todos os seus diálogos interiores que diziam: "Mas ele fez isso comigo; ele é o anormal." Ela padeceu ao longo do difícil processo de acolher as partes raivosas, cruéis e confusas de si mesma, partes que vira e desprezara em Eric. Ela se empenhou destemidamente na cura das feridas responsáveis pela atração de homens abusivos para a sua vida. Estava afinal pronta para aprender as lições que a vida tentava com tanto esforço lhe ensinar.

Uma vez pronta para aceitar as lições de seus vários relacionamentos destrutivos, Katherine percebeu numa meditação que nunca considerara a possibilidade de se curar de dentro para fora. Ela tinha sido sempre uma vítima da vida — primeiro do pai e mais tarde de uma série de outros homens difíceis. Tinha de aprender a amar e a cuidar de si mesma, bem como dar-se conta de que não precisava de um homem para ser íntegra.

O mais importante é que ela descobriu que não era uma vítima. Em muitos de seus relacionamentos, Katherine viu os sinais de perigo, mas preferiu ignorá-los. Em vez de procurar homens que lhe dessem um amor duradouro, sua falta de auto-estima sempre a fazia procurar a solução imediata, o momento de paixão. Agora, devido ao seu sofrimento e à sua perda, Katherine aprendeu que podia se manter por si mesma e a favor de si mesma.

Quando chegou a hora de deixar de lado toda a bagagem que ela acumulara ano após ano, Katherine pôde ver as dádivas com clareza. Sua lista das dádivas que recebera de seus parceiros se assemelhava com:

1. Descobri com que freqüência e com que severidade maltratei a mim mesma com meus diálogos interiores (*Você é uma bobona... você é repugnante... você é tão estúpida*).

2. Recebi a percepção profunda de que os homens abusivos da minha vida eram espelhos dos maus-tratos que eu infligia a mim mesma.

3. Estudando o comportamento de meu ex-marido, aprendi a identificar as questões essenciais de minha própria vida.

4. Aprendi que sou uma das pessoas mais fortes do planeta e de que não há coisa alguma que esteja além da minha capacidade de enfrentar.

5. Sei agora que, por piores que sejam as circunstâncias, nunca estou sozinha. Posso chamar Deus e obter um alívio imediato.

6. Aprendi que é uma alegria criar os meus filhos sem brigar, sem ter de fazer uma votação, sem discutir.

7. Recebi a dádiva de ser capaz de criar meus filhos com amor incondicional, atenção e segurança.

8. Aprendi que estar com a pessoa errada é bem pior do que estar sozinha.

9. Recebi a dádiva de poder chegar em casa no final do dia e saber que estou segura.

10. Agora sei que posso ajudar os outros e que tenho algo especial para dar às pessoas.

11. Vivo cada dia com o saber jubiloso de que provoquei uma reviravolta em minha própria vida.

Se o ouro está na escuridão, deveríamos examinar os piores crimes perpetrados contra nós a fim de descobrir as verdadeiras dádivas dos nossos relacionamentos. Quando reservamos um tempo para reivindicar o ouro a que temos direito, aprendemos as mais importantes lições de nossa vida. As dádivas se revelam por meio do nosso reconhecimento daquilo que recebemos de nosso casamento, incluindo coisas que aprendemos com o nosso parceiro.

Durante o meu casamento, aprendi e vivenciei ao menos cem coisas que beneficiaram a minha vida. Quando as inspiro e honro a minha vida ao honrar minhas experiências, mergulho no júbilo da liberdade emocional. Minha relação de dádivas de meu casamento se parece com a seguinte:

1. Tive o filho que sempre quis.
2. Mudei-me para a bela cidade de La Jolla, Califórnia.
3. Passei a ser genitora de Beau.
4. Minha irmã se mudou para La Jolla a fim de ficar perto de nós.
5. Comecei a trabalhar com Deepak Chopra.
6. Desenvolvi o Processo da Sombra.
7. Meu ex-marido pagou os empréstimos que contraí com objetivos educacionais.
8. Pude passar pela experiência de ter uma família minha.
9. Meus pais se mudaram para La Jolla a fim de ficar perto de Arielle, de Beau e de mim.
10. Recebi dinheiro suficiente para ficar em casa e escrever meu primeiro livro.
11. Tive o privilégio de ser nora de Bernice e Marty.
12. Aprendi a olhar a vida pelos olhos de outra pessoa.
13. Aprendi que não é necessário ir para Harvard para ser brilhante.
14. Aprendi a partilhar e a incluir outras pessoas na minha vida mesmo que discorde delas.
15. Passei a pesar melhor as minhas palavras.
16. Recebi a inspiração para o meu segundo livro.
17. Aprendi a não verbalizar todo pensamento que tiver.
18. Tive a experiência profunda de ver os outros se transformarem à medida que me transformo.
19. Aprendi que eu podia me sair bem sozinha com um filho para criar.
20. Estou aprendendo a ser uma boa mãe.
21. Aprendi que a co-parentagem pode ser um júbilo.
22. Aprendi que, no conflito, preciso manter a atenção em mim mesma.
23. Tive o casamento com que sempre sonhei.
24. Aprendi a pedir aquilo de que preciso.

Como posso ter ressentimento de um homem que me ofereceu tantas dádivas? Só a dádiva de meu filho já é motivo suficiente para eu honrar Dan pelo resto da vida. Relacionar as dádivas me permitiu ver tudo o que ganhei com a minha experiência como um todo. Numa época em que só podia ver dor e desilusão, a procura das coisas boas, das dádivas e das lições me tornou receptiva a um lugar de autêntica admiração por meu parceiro. Permitiu-me escolher as realidades nas quais viver. Eu podia optar por permanecer na realidade dolorosa daquilo que não funcionava ou preferir celebrar no mundo jubiloso da gratidão.

DESCOBRIR O VALOR DE SEUS RELACIONAMENTOS

Cinco anos depois do fim traumático de seu casamento de sete anos, sentei-me com Karla e Antonio. Foi para mim uma experiência mágica sentar-me com duas pessoas que honravam a vida ao honrar a experiência que tinham tido juntas. Eu estava curiosa por saber os motivos de eles terem mantido viva sua ligação e por que estavam despendendo tempo e energia para suster e curar o seu relacionamento. Como não tinham filhos, parecia uma perda de tempo e uma tarefa difícil manter presente um relacionamento rompido. E por isso lhes perguntei: "O que os inspirou a continuar reparando o prejuízo que causaram um ao outro no casamento?" Antonio me olhou bem nos olhos e disse: "Os anos em que vivi com Karla foram importantes. Cresci muito e cresci ao lado dela. Negar tudo o que ganhei seria lançar fora esses valiosos anos de minha vida."

Tanto Karla como Antonio compreenderam de modo inato que, permanecessem ou não em contato um com o outro, o fato de terem passado juntos um período da vida fazia que eles sempre estivessem intimamente ligados. Meu amigo e professor David Simon me forneceu a razão científica desse fenômeno:

> *Na física quântica, quando há a colisão de duas partículas, há um intercâmbio de energia e de informações. E a partir desse ponto, sempre que algo muda numa das partículas, produz-se um efeito simultâneo na outra. Da mesma maneira, sempre que encontramos alguém em alguma espécie de relacionamento, intercambiamos energia e informações uns com*

os outros, e a partir desse ponto, nunca mais somos os mesmos. Outra forma de dizê-lo é que nos transformamos para sempre como resultado do encontro.

Nossa ligação permanece mesmo que a forma tenha se alterado.
A fim de aprofundarem seu processo de cura, sugeri a Karla e Antonio que relacionassem as dádivas do fato de terem sido marido e mulher. Para eles, isso foi deveras fácil.

AS DÁDIVAS DO CASAMENTO RECEBIDAS POR KARLA

1. Com Antonio, fui estimulada a me exprimir por meio da escrita e da interpretação teatral.
2. Passei a admirar mais profundamente minha feminilidade.
3. Desenvolvi a propensão de comunicar meus pensamentos e sentimentos.
4. Desenvolvi uma profunda capacidade de "receber".
5. Passei a admirar a cultura japonesa e a adorar *sushi*.
6. Pude ter a experiência de uma família "normal" por que sempre ansiei — e de ser a primeira filha.
7. Tive a oportunidade de realizar todas as minhas fantasias domésticas — pratos feitos em casa, decoração, receber pessoas.
8. Estar com Antonio me levou ao mais forte vínculo com o judaísmo que já tive ao celebrar e observar pela primeira vez feriados judaicos.
9. Recebi o apoio e o estímulo para dar asas ao meu lado empreendedor.
10. Recebi a confirmação de que os meus desejos são importantes.

AS DÁDIVAS DO CASAMENTO RECEBIDAS POR ANTONIO

1. Tive a oportunidade de estar com uma mulher no momento em que ela descobria o que queria e se empenhava em consegui-lo.

2. Aprendi sobre cometer erros juntos, culpar um ao outro por eles e, com o tempo, assumir responsabilidade por eles.
3. Pudemos nos apoiar mutuamente em nosso crescimento, por mais doloroso que possa ter sido.
4. Tive a dádiva de ter uma parceira para adorar e amar e pela qual ser amado.
5. Aprendi que a minha mulher pode ser o meu melhor amigo.
6. Aprendi a cuidar da cozinha e a cozinhar para mim mesmo como se fosse um nobre.
7. Passei a estudar dedicadamente a sensualidade com a minha parceira.
8. Cultivei a paixão pela arte.
9. Aprendi a organizar documentos.
10. Tive uma excelente ligação com uma família vibrante — tive irmãs pela primeira vez, e sobrinhos e sobrinhas que amo.

A escolha nos proporciona liberdade. Concede-nos a miraculosa capacidade de levar a vida que desejamos em vez daquela que simplesmente caiu sobre a nossa cabeça. Ter uma vida na qual podemos escolher como vamos nos sentir em última análise acerca de todas as pessoas, eventos e situações é algo miraculoso. Quando fazemos opções que nos tornam mais fortes, vivemos no maravilhamento da condição de seres humanos. A escolha nos permite vivenciar a facilidade da independência e a graça de amar o ser que somos. Enquanto somos vítimas do comportamento alheio, não temos escolha. Continuamos a viver sob a influência dos nossos diálogos interiores, aqueles que criam afirmações como:

"Se ao menos as coisas fossem diferentes!"

"Se ele ou ela não tivesse feito isso comigo!"

"Se os advogados tivessem me dado melhores conselhos!"

"Se o juiz tivesse sido outro, tudo estaria bem!"

"Se eu tivesse feito isso quando era mais jovem!"

A vitimização nos impede de vivenciar as dádivas. Se não aprendemos as lições que nos são apresentadas, vamos repeti-las. Permita-me repetir isso: *se não aprendemos as lições que nos são apresentadas, vamos repeti-las.* Num momento de brilhantismo, Rollo May disse: "Insanidade é fazer a mesma coisa repetidas vezes e esperar resultados diferentes." Até aprendermos com o passado, continuaremos a percorrer o ciclo ensandecedor da repetição.

LEVAR UMA VIDA DE GRATIDÃO

Enquanto eu crescia, meu coração nunca conheceu a gratidão. Eu me sentia com direito a ter o que tinha e sempre queria mais. Meu descontentamento se mostrava em todos os aspectos da minha vida. Eu tinha o corpo errado, os pais errados, os irmãos errados, freqüentava a escola errada e vivia na parte errada do país. Meu namorado sempre usava os sapatos errados, tinha o cheiro errado ou o emprego errado. Eu sentia que Deus, e o universo, me deviam mais. Fossem quais fossem as dádivas que eu recebia, sempre se tratava de algo aquém do certo. Eu acreditava que merecia um quinhão melhor.

Posso dizer honestamente que a maioria dos meus problemas vinha da minha incapacidade de valorizar o que tinha. Meu descontentamento alimentava o ruidoso diálogo interior que vivia na minha cabeça. Nunca me ocorreu que eu pudesse mudar de vida por meio da mudança de atitude, que a minha infelicidade era uma decorrência da minha crença de que merecia tudo melhor do que tinha. Ter a atitude errada me levava a procurar e a encontrar o lado sombrio da vida.

Muitas das nossas conclusões sobre a vida nos mantêm aprisionados num estado em que julgamos ter direito a muitas coisas. Quando vemos a vida por meio das lentes desse estado, não podemos receber as nossas dádivas. Se só vemos o que nos foi tirado ou o que não temos, ficamos engolfados na pequenez de nosso ego. Este se sente merecedor de tudo o que deseja — agora! Como um amigo íntimo de nosso ego, a crença de que merecemos mais destrói a nossa estabilidade emocional ao encher a nossa mente de uma justa indignação. Essa crença oculta a lente da gratidão e nos tolhe a admiração pelos milagres cotidianos da vida.

A gratidão é a dádiva de um coração aberto. É um estado divino de ser que vem da grande sabedoria e compreensão de que tudo é como deve ser. A gratidão se manifesta quando você observa tudo aquilo que tem em vez de ficar preso àquilo que não tem. A gratidão é um instrumento de amor autogerado que você pode dar a si mesmo todos os dias. Quando faz a opção por levar uma vida espiritual, você passa a compreender que tudo aquilo que recebe é uma dádiva. Se é cego às dádivas que lhe foram concedidas, você está perdendo a oportunidade de conhecer a Deus.

Um dia, alguém me sugeriu que, se não desenvolvesse "uma atitude de gratidão", eu provavelmente terminaria sendo mais uma vítima de uma vida não-realizada. Essa afirmação calou fundo no meu íntimo porque eu temia levar uma vida sem significado, uma vida que não contribuísse para coisa alguma. Ocorreu então a revelação que me fez mudar a lente por meio da qual eu olhava. Descobri que a gratidão é uma escolha, algo que pode ser adquirido por meio da prática. Quanto mais eu praticava, tanto mais fácil ficava ser grata. Então, em lugar de ter de me empenhar constantemente para ver o meu mundo pelas lentes da graça, com o passar do tempo essa visão se tornou uma realidade mais natural.

ESCOLHER O CAMINHO SEGURO

A vida costuma ser difícil; não é o mar de rosas que esperávamos. Cada incidente, cada lição, cada obstáculo é construído para nos fazer alcançar níveis mais elevados de consciência — para nos aproximar mais do nosso eu espiritual. Crescemos com a ilusão de que a vida vai ser o que queremos que seja. E cremos que a nossa fantasia com respeito à realidade se concretize. Vivemos sonhando que essa pessoa, esse emprego, esse acordo financeiro vão melhorar a nossa vida.

Nosso parceiro acaba sendo nosso cordeiro sacrificial porque em geral não pode se beneficiar, faça o que fizer. A maioria de nós procura ter suas necessidades emocionais, físicas, financeiras e espirituais atendidas por aquela pessoa que consideramos especial. É em geral uma tarefa impossível que tem a realizar a pessoa que recebeu a responsabilidade tremenda de nos fazer felizes. Mas pouco importam as tantas vezes em que sofremos desilusões amorosas: procuramos até encontrar alguém que pareça ser o nosso salvador, que atenda às nossas expectativas. Quando os nossos sonhos vão mais uma vez por água abaixo, num poço de desilusão, ficamos amargurados, irritados e ressentidos. Alguém tem de pagar o preço da mentira terrível que nos contaram. Quando os nossos parceiros não atendem às nossas expectativas e o nosso relacionamento se desfaz, claro que a culpa é do nosso parceiro. Alguns de nós se recusam a ver o muro de expectativas que nos impede de ver as nossas outras opções.

Ter consciência das nossas outras opções é uma dádiva extraordinária. Mas isso tem um preço: quanto maior a consciência que temos, tanto mais difícil se torna mentirmos para nós mesmos. Se não tomamos posse de nossa sabedoria, toda a energia tem de ir para algum lugar; e por isso ela vai para o único lugar que conhece — volta para nós. Se não conseguimos usar o conhecimento de nossas novas introvisões para escolher opções que promovam a nossa vida, esse conhecimento se vira contra nós e nos faz penetrar ainda mais em nossas trevas.

Se insistir em negar a responsabilidade por sua situação atual, você provavelmente vai negar cada vez mais, criar mais justificativas e racionalizações. Quando não quer admitir a sua posição ou suas circunstâncias, você tem de criar uma longa história para convencer a si mesmo e aos que o cercam dos motivos pelos quais não consegue transcender as dificuldades de sua vida. Você é inconscientemente levado a criar mais dramas para provar que as suas circunstâncias são diferentes e estão fora de seu controle. Você cria uma justa razão para precisar manter-se em luta, e sempre tem a impressão de que está certo e de que o seu inimigo está errado. Você pode até dizer a si mesmo que tem de lutar a fim de cuidar de si. Talvez você tenha um advogado ou um terapeuta lançando lenha na fogueira. Ou, melhor ainda, talvez você diga que é o seu karma, sua missão, dar uma lição ao oponente. Porém talvez, em lugar de dar a lição, você ficasse em melhor situação aprendendo a lição que fez você chegar à situação em que se encontra hoje.

PARCERIA COM DEUS

A cada encruzilhada, vemo-nos diante da necessidade de escolher. Escolha a responsabilidade e obterá consciência. Escolha o amor e a compaixão, e lhe prometo que, por pior que possa ser o seu parceiro, as coisas vão mudar. Tendo Deus como parceiro, você não poderá perder. Deus é uma força que está em seu íntimo e em meu íntimo. Se você chamar essa força para que lhe dê apoio em suas opções, prometo-lhe que ela vai fazer isso. Você pode ter de se humilhar e se ajoelhar todos os dias, e há mesmo quem precise implorar; mas se você estiver comprometido com abrir a porta para que o Divino entre e o ajude, ele vai chegar.

Você pode estar pensando a esta altura que o processo é demasiado difícil, que você não vai conseguir. Mas, se pensa assim, você ainda acredita que tem de fazê-lo sozinho. Mas não tem. Sempre que esqueço que recebo orientação divina, leio em voz alta esta mensagem: "Bom dia, Debbie, aqui é Deus. Vou cuidar de seus problemas hoje e não vou precisar de sua ajuda. Por isso, relaxe e aproveite o dia e saiba que estou sempre com você." Ouvir esta mensagem me lembra que posso respirar fundo e relaxar. Estamos sempre recebendo orientação divina, embora em épocas de tribulação tenhamos a tendência de nos esquecer disso. Mas está em nosso poder fazer todos os dias a opção de nos lembrar que não estamos sozinhos.

Tendo Deus como aliado, você pode escolher receber as lições que o seu parceiro está tentando lhe ensinar. Pode optar por reconhecer todas as dádivas que recebeu de seu ex-parceiro. Pode preferir usar o seu divórcio e dele obter o máximo de benefícios. E, momento a momento, pode *optar* por ver a vida pelas lentes da gratidão.

PASSOS DA AÇÃO DE CURA

1. Rememorando os anos de casamento, faça uma relação de todas as dádivas que recebeu de seu ex-parceiro. Reflita sobre as coisas que aprendeu sobre si mesmo devido ao fato de estar com o seu parceiro. Que pessoas e hábitos estão em sua vida agora e que não estavam antes de você o conhecer? Que fraquezas de seu ex-cônjuge você teve de compensar? Como isso ajudou a construir o seu caráter? Seja ponderado e honesto, e dedique algum tempo à elaboração de sua lista. A feitura de sua lista de dádivas do casamento vai transformar seus sentimentos negativos em sentimentos positivos.

2. Faça uma relação de coisas de sua vida pelas quais você é grato.

3. Elogie-se diariamente por pelo menos dez coisas que fez de que se orgulha. Admire a si mesmo pelas pequenas coisas que dão origem a grandes coisas com o passar do tempo — sair da cama, fazer exercícios, tomar só um sorvetão... Faça isso por escrito e diga em voz alta. Não espere por uma grande realização, como parar de fumar, para elogiar a si mesmo pelos progressos que faz.

A LEI DO PERDÃO

~ Capítulo Dez ~

O CAMINHO PARA DEUS

Meus queixumes ocultam a luz do mundo.
O CURSO DE MILAGRES

Uma vez que tenhamos recebido as dádivas de nosso casamento, estamos prontos a perdoar de modo pleno o nosso parceiro e nós mesmos. A Lei do Perdão nos permite deixar de lado os nossos julgamentos e as nossas crenças acerca do que é certo e do que é errado e encontrar a compaixão por todo o nosso ser.

A compaixão se manifesta quando estamos na presença da perfeição do Universo, quando podemos vivenciar a nós mesmos em outra pessoa. Vem com a grande compreensão das dificuldades e da ambigüidade da condição de ser humano. A compaixão é a graça de Deus concedida àqueles que pedem. Tendo recebido compaixão para nós, podemos encontrar compaixão e perdão pelo nosso parceiro. O perdão é a chave do seccionamento dos liames kármicos que nos prendem ao nosso parceiro de modo negativo. O perdão é um componente essencial da libertação de nosso coração e de nossa alma. O perdão é o alimento que nutre nosso corpo, nossos relacionamentos e o nosso futuro.

No momento em que perdoamos, liberamos todas as energias que nos estão impedindo de vivenciar a nossa natureza divina em nossa vida cotidiana. Somos seres espirituais que adoram amar, e quando nos privamos da energia do amor, deixamos nossa alma em inanição. O perdão é o maior ato de coragem, dado que faz ruir as paredes que julgávamos que nos iriam proteger. Mas, na verdade, não há melhor proteção do que a que vem do amor completo e total por toda a humanidade.

Num certo momento depois de meu divórcio de Dan, vi a possibilidade de meu futuro. Comecei a aceitar o fato de a minha vida na realidade estar se manifestando para o meu maior bem. Desisti da imagem de quem eu queria que Dan fosse e o aceitei tal como é. Renunciei ao meu apego a fazer a minha vida se desenrolar de acordo com os meus desejos e dei permissão à possibilidade de ter uma vida extraordinária guiando as minhas escolhas e os meus comportamentos cotidianos. Passei a cuidar melhor de meu corpo. Desenvolvi uma relação carinhosa com o meu filho e cultivei novas amizades. Aprofundei as minhas práticas espirituais e comecei a sentir uma ligação mais íntima com Deus. Escutei com maior atenção a minha voz interior e abri-me para receber orientação divina. Optei por deixar de lado as cargas do meu passado. Fiz uma limpeza no guarda-roupa e livrei-me de tudo o que não me servia. Descobri e liberei as emoções tóxicas que me mantinham presa aos ressentimentos. Aceitei a responsabilidade por meus sentimentos, retirei as minhas projeções negativas e comecei a ver como criava os dramas que me impunham limitações.

Procurei diligentemente as dádivas ocultas em cada circunstância difícil que surgia em meu relacionamento com Dan. E fiz a opção, que alterou a minha vida, de reinterpretar as minhas experiências de modo que me dessem forças, em vez de me tirá-las. Com o desaparecimento de meus ressentimentos e a cura de minhas feridas interiores, encontrei a gratidão. E, com a gratidão no coração, fiquei mais do que disposta a perdoar.

Agora, diante do portal do perdão, pude lançar um olhar sobre o passado e reivindicar a total e completa responsabilidade não só por criar o meu casamento e a minha separação como também pelo modo como a minha vida iria transcorrer a partir de então. Só nesse momento pude usar as dádivas de meu casamento e valorizar as lições que a vida me dera.

Essa sabedoria permite que renunciemos aos nossos ressentimentos e recuperemos a ligação com a nossa natureza divina. Os nossos ressentimentos são como uma corda de aço a envolver o nosso passado e que nos deixa eternamente presos àqueles que julgamos ser nossos oponentes. Temos de nos dispor a cruzar a porta restritiva do atribuir a culpa aos outros a fim de chegar ao mundo ilimitado do perdão.

É fácil ser maltratado e ficar amargo; trata-se, na verdade, de algo bastante natural. Quando eu passava pelo meu divórcio, a idéia de perdoar Dan fazia meu ventre doer. As perguntas que não paravam de percorrer minha mente eram: *Por que eu é que deveria perdoar? Por que eu deveria conceder ao meu ex-marido a graça de minha energia amorosa?* Eu sabia que a minha missão era me elevar acima desses impulsos e aumentar a freqüência vibracional de meus pensamentos. Sabia que as minhas dúvidas e os meus temores me mantinham presa ao meu ex-marido, mas ainda assim desejava recusar o meu amor e a minha compaixão. Contudo, rezando constantemente para me libertar de minha dor, fui abençoada com a disposição de fazer o trabalho necessário antes de poder me desapegar por completo de Dan.

Eu sabia que, para ter um divórcio espiritual ao lado do físico, tinha de perdoar os meus pecados e os de meu parceiro. Só então seria livre para interagir com Dan de uma maneira que me fortalecesse e fosse marcada pela compaixão; só por meio do perdão eu obteria o controle para agir em vez de reagir em momentos que exigissem muito de mim. Por mais difícil que o perdão parecesse, eu sabia que perdoar era a única forma de eu manter um relacionamento com Dan nos próximos dezesseis anos. Eu não tinha a opção de deixar que ele se fosse e nunca mais lhe dirigir a palavra. Tínhamos a guarda conjunta de uma criancinha, de modo que eu teria de interagir com ele nos próximos dezesseis anos. Não havia como permitir que as minhas queixas se sobrepusessem ao meu amor por meu filho, Beau, e ao meu compromisso com ele. Eu sabia o que era viver com o sentimento do desgosto dos pais um pelo outro. Vivi nessa dor e ficava aterrorizada ao pensar que poderia facilmente vir a fazer o mesmo.

Rezei diariamente pedindo a Deus que me concedesse por favor a coragem e o conhecimento capazes de curar o meu sofrimento, dissipar a minha raiva e me ajudar a encontrar compaixão pelo pai de meu filho. Ainda que nunca tivesse estado nessa situação, eu sabia que tinha de chegar a um lugar de amor por Dan. Mesmo discordando dele e desaprovando seus comportamentos, eu sabia que, se pudesse me concentrar no amor e no perdão, teria êxito em meus esforços para escapar à prisão de minha dor.

Foram-me necessários quase dois anos para alcançar um lugar de amor autêntico que me permitisse ser sincera em meu empenho para ter uma relação positiva e respeitosa com Dan. Eu desejava um relacionamento que deixasse Beau orgulhoso de nos ter como pais. Meu anseio de harmonia transcendia o que eu queria ou deixava de querer. Suplantava a minha pequenez e as minhas crenças judicativas. Elevava-me acima de tudo isso e me inspirava a sair das amarras de meus sentimentos negativos e adentrar um lugar de compaixão amorosa.

UM CORAÇÃO INOCENTE

O processo do perdão tem como requisito fundamental que se esteja disposto a perdoar. Se *não* estivermos dispostos a perdoar, quase não haverá chances de que esse processo ocorra. Nossa disposição de perdoar é essencial para recuperarmos a nossa integralidade. Ser íntegro significa não carecer da ausência de nenhuma parte de nós, significa que temos acesso a todo o nosso amor, a toda a nossa esperança e a toda a nossa benevolência inata com relação a toda a humanidade. Todos nós, sejam quais forem os nossos pecados, merecemos a oportunidade de curar o nosso coração partido. Imagine-se segurando uma criança inocente que chora em seus braços. Você diria a essa criança que se liberte de sua dor ou se apegue a ela? Diria que ela merece ter a experiência de um coração íntegro e curado ou que ela deve permanecer afogada em sua dor?

A imagem da criança é um lembrete de nossa inocência. Um coração inocente nunca conserva ressentimentos nem permanece no sofrimento da culpa. Na visão de nossa criança interior, podemos permitir que o nosso coração se suavize e se entregue à natureza delicada do perdão. Ninguém merece carregar o peso de um coração endurecido. O orgulho previne a abertura de nosso coração e o perdão. O orgulho espiritual é o ato de impedir o nosso próprio acesso ao perdão. Mas ninguém merece carregar a dor pulsante dos sentimentos de culpa. O doutor Harold Bloomfield, autor de *Surviving the Loss of a Loved One* [Sobreviver à Morte de um Ente Querido], afirma: "Cada dia no qual você não perdoa equivale à ingestão de pequenas doses de veneno." Esse veneno vai aos poucos nos privando de nosso futuro desejado. Quer precisemos perdoar a nós mesmos ou aos outros, é imperativo que nos demos permissão de participar desse processo sagrado.

Jake deixou Laura quando os dois filhos do casal eram bem pequenos. Laura muito se esforçou para ser uma boa mãe e fez tudo o que podia para garantir o oferecimento de um ambiente seguro e cheio de amor para os filhos. Passou anos examinando seus sentimentos de abandono e de traição. Com o passar dos anos, chegara a um lugar de paz, mas sempre havia um conflito com Jake quanto às necessidades dos meninos e à sua criação, e Jake, que era terrível, costumava prevalecer.

Depois de dez anos de controle de acordo com as regras de Jake, Laura decidiu que era hora de brigar pelo que considerava justo e pediu a Jake que aumentasse a pensão dos meninos. Jake não tinha a intenção de dar mais dinheiro à ex-mulher e decidiu em vez disso, que essa era uma boa oportunidade para pleitear a guarda exclusiva dos filhos.

Cheia de ansiedade, Laura procurou uma mediação com Jake a fim de tentar resolver seus conflitos. Como já estavam no segundo grau, os garotos foram chamados a ajudar na solução da disputa. Eles decidiram que estavam cansados de ficar indo e vindo da casa de um para a do outro e que, como a escola que freqüentavam era mais perto da casa do pai, sua vida seria mais fácil se ficassem algum tempo na casa do pai.

Depois de muitas semanas de incerteza, o árbitro convidou Jake e Laura a ir ao escritório. Com voz calma, começou a falar. Com os olhos fixos no rosto de Laura, disse: "Tendo considerado todos os elementos, estou recomendando à corte que conceda a guarda exclusiva dos dois garotos a Jake."

Laura ficou sentada ali, incapaz de se mover. Seu pior pesadelo tinha acontecido. Lágrimas lhe vieram aos olhos, e a dor tomou-lhe conta do coração enquanto ela tentava digerir a devastadora notícia. Os mesmos sentimentos que Laura tivera tantos anos antes, quando Jake a abandonara, voltaram a se apossar de seu corpo. Agora, além de ter ido embora, ele levava as duas pessoas que ela mais amava no mundo. Tudo o que pôde pensar é que a sua família lhe estava sendo tirada. Jake finalmente ganhara a guerra que eles vinham travando já há quase quinze anos. Agora, ela voltaria para casa, para o seu segundo marido, mas Jake ia para casa com o coração dela nas mãos.

O sofrimento de Laura foi terrível. Depois de semanas de choro, ela percebeu que só havia uma opção — curar-se. Reunindo toda a sua força interior, ela começou a dar os passos necessários para curar seu coração partido. Laura adotara anos antes uma oração que a ajudara a curar-se do divórcio, e agora voltaria a usá-la. Várias vezes ao dia, ela fechava os olhos e visualizava o sagrado coração da compaixão. Depois de repetir as palavras "Entrego-me à presença de Deus no meu íntimo. Oh, Senhor, vinde por favor!", ela encontrava conforto. Laura sabia que, quanto mais cedo aceitasse a decisão da corte e a opção dos filhos, tanto mais cedo o sofrimento passaria.

Laura buscou desesperadamente assumir a responsabilidade pela co-criação de toda a sua situação, sabendo ao mesmo tempo que precisava ser delicada consigo mesma e evitar o agravamento dos sentimentos desagradáveis que uma atitude demasiado severa podia provocar. Ela começou aos poucos a procurar a lição que tinha certeza de que esses eventos lhe estavam tentando dar. Com persistência, Laura conseguiu uma compreensão mais profunda. Chegou à importante conclusão de que os filhos tinham vindo ao mundo por meio dela, mas não lhe pertenciam. Viu que a sua tarefa era dar-lhes apoio na feitura de boas opções e um amor incondicional. Por temer perder o amor dos filhos, ela se apegara a eles em demasia, mas agora sabia que devia se libertar disso porque estava vendo toda a sua energia drenada por causa disso.

Laura sabia que, para manter uma relação amorosa com os filhos, teria de perdoar Jake e ter compaixão por todas as escolhas dele. Na mente, ela ficou voltando à época em que o amava para ver se podia evocar outra vez esses sentimentos. Foram necessários tempo, persistência e oração para aceitar o fato de que, ao menos nos dois anos seguintes, os filhos estariam morando com o pai. Ela fez as pazes com o fato de Jake ter mais dinheiro e recursos a lhes oferecer. O pai vivia perto da escola escolhida por eles e tinha muitos interesses em comum com eles, além de os meninos estarem numa idade na qual precisavam mais do pai.

Laura levou um longo e árduo ano para transcender o sofrimento e a dor. Mas, com a ajuda de Deus e sua própria determinação, suportou o melhor que pôde aquela aflitiva situação. Seu compromisso com o caminho seguro do perdão lhe deu condições de criar com os filhos um relacionamento melhor do que quando tinha a guarda conjunta deles. O tempo que passavam juntos era agora precioso. Planejavam passeios, iam fazer caminhadas e tinham conversas íntimas. Estavam todos voltados para se amar mutuamente.

O perdão é a chave que abre a porta que leva ao nosso coração. O perdão está aí à nossa espera no momento em que estivermos prontos a renunciar à nossa vontade, a reivindicar a responsabilidade pelas nossas circunstâncias e a confiar que há um plano para a nossa vida que está além daquilo que podemos ver. Quando perdeu a guarda dos filhos, Laura nem sequer podia imaginar que a sua perda levaria a algo positivo. Mas, como resultado dessa situação difícil, ela e os filhos puderam criar um relacionamento mais profundo, mais recompensador e amoroso como uma família.

Quando acolhemos a perfeição deste mundo, somos capazes de ver o plano-mestre de nossa vida, que transcende os desejos do nosso ego. É então que passamos pela experiência de um coração compassivo, um coração repleto de profunda compreensão e compaixão por todos. Vivenciamos um coração que sabe que as coisas acontecem e que as pessoas mudam por algum motivo e que, sem dúvida, se tivermos a coragem de seguir o caminho seguro, seremos recompensados com a dádiva do amor, da paz e de um coração satisfeito.

Carole é uma mulher de 37 anos com uma filha pequena. Dois anos depois de divorciada, ela ainda passa boa parte do dia falando mal do parceiro e conversando com advogados. Certa manhã, Carole acordou com uma sensação ruim no estômago. Como a dor era intensa, ela foi ao médico. Depois de fazê-la passar por alguns exames, o médico lhe disse que ela tinha câncer no estômago e que seria preciso submeter-se a uma cirurgia para ter chances de sobrevivência. Naqueles cinco minutos, a vida de Carole passou por uma completa reviravolta. Ela percebeu de repente que a sua vida podia acabar. E ficou aterrorizada diante da idéia de que em menos de um ano poderia estar morta e que o tempo com a sua filha se encerraria.

Indo para casa, Carole começou a rezar. Pediu a Deus naquela noite que lhe dissesse o que precisava fazer para se curar. O primeiro pensamento que lhe ocorreu foi desistir da ação contra o ex-marido, John. Ela estivera brigando por causa de uma propriedade a que julgava ter o legítimo direito. Mas agora sabia que precisava se esquecer do dinheiro que lhe era devido e dar prosseguimento à vida e à cura. Antes de ligar para os médicos e marcar a cirurgia, ligou para o advogado e o instruiu a desistir da ação. Comprometeu-se a nunca voltar a brigar com o ex-marido.

Carole me falou do grande alívio que sentiu naquele dia. No momento em que desligou o telefone depois de falar com o advogado, teve certeza de que iria sarar. Seus ressentimentos com relação a John só lhe tinham trazido dor e sofrimento.

Para voltar a viver, Carole precisou enfrentar uma doença mortal. Ela agora considera ganhar e ter razão coisas insignificantes. Sua única esperança estava na entrega e no perdão, que vieram a constituir um novo fundamento para a sua vida. Carole, agora em plena recuperação, diz que nunca se sentiu melhor na vida. Suas prioridades se alteraram, e ela aprecia todos os momentos de sua existência. Em vez de ocupar o tempo com advogados e documentos legais, ela agora se dedica a buscar o amor e a paz de espírito. A filha dela está indo bem, e mesmo seu raivoso ex-marido muitas vezes a surpreende com um sorriso. Carole quer viver, mas de uma ou de outra maneira sente-se finalmente bem consigo mesma. Está agora livre do sofrimento e capaz de aproveitar as dádivas de sua vida.

O perdão abriu Carole ao amor. Foi necessário o diagnóstico de uma doença mortal para que ela visse que só tinha um pequeno período de tempo neste planeta e que só ela podia decidir como o iria usar. Iria ela dar a sua preciosa energia vital à pessoa que a seu ver a tinha prejudicado? Desejava ela passar mais uma hora de vigília ou mais um dia falando de alguém que tirara o que lhe pertencia legalmente? Ou queria se entregar à perda? Ele tinha algo que era dela. Ela gostaria de ter de volta sua propriedade, mas isso por certo não valia mais um minuto de seu tempo, mais um telefonema ou mais uma parcela de sua força vital. Pela primeira vez na vida, Carole se deu conta de como todo e qualquer momento é precioso. Cada inspiração e expiração sua passou a ser um motivo de júbilo.

Para Carole, desistir da ação contra o ex-marido foi a mais importante decisão tomada na vida. Ela desistiu de sua batalha exterior em favor de um benefício interior. Trocou a raiva pelo amor, trocou os ressentimentos pelo perdão. E a recompensa foi viver. Hoje Carole percebe que grande bênção foi a sua doença. Ela não precisa lutar para dar a outra face. É a sua honra e o seu alívio ser cem por cento responsável pela sua própria vida e pelas lições que esta traz.

NUNCA SE SABE

Anna pediu o divórcio aos 44 anos de idade. Depois de anos de solidão e com os filhos já crescidos, ela conseguiu reunir a coragem para deixar o marido. Ela apanhara Fred em inúmeras mentiras e um dia descobriu provas de um caso dele com outra mulher. Essa violação de seus votos conjugais e de sua confiança foi demais para ela. Então, certa manhã, quando Fred foi trabalhar, Anna juntou as roupas e algumas das coisas dos filhos e foi morar num apartamento. Decidida a escapar ao controle do marido, procurou um advogado e foi aconselhada acerca de seus direitos em caso de pedir divórcio.

Fred não aceitou sem problemas a destruição de seu mundinho perfeito. Ligou e pediu a Anna que voltasse para casa com os filhos. Como ela se recusasse, começou a batalha. Fred tinha o dinheiro e o poder para contratar o melhor advogado especialista em divórcio da cidade, e passou a pressioná-la bastante para fazê-la voltar à casa. Ao final de dois anos e de dezenas de milhares de dólares de custas judiciais, Anna conseguiu uma pensão que mal cobria as despesas com alimentação e com roupas.

Entrementes, Anna voltara à escola e se tornara técnica de higiene dental. Tinha um bom emprego, mas nos dez anos seguintes teve de manter todas as despesas na ponta do lápis; tentando equilibrar o orçamento, Anna tinha poucos recursos para cuidar de si mesma. Ela desejava muito que os filhos tivessem tudo o que as outras crianças tinham. Empenhou-se muito para proporcionar educação aos filhos.

Fred assumira um papel secundário no cuidado dos filhos, mas permaneceu perturbado com a derrocada do casamento. Todos os anos, no aniversário das bodas, mandava um cartão a Anna pedindo perdão. Ele desejava desesperadamente ter contato com ela para discutir o que havia acontecido e lhe dar um presente. Anna se recusava. Ela fechara a porta deste aspecto de sua vida e não tinha a mínima intenção de deixar Fred se aproximar dela outra vez. No casamento do filho e na graduação da filha do casal, Fred abordou Anna, pedindo apenas uns minutos de seu tempo. Disse que queria dar algo a ela, mas ela se negou terminantemente a falar com ele.

Os anos se passaram, os filhos deixaram a casa, a pensão acabou e Anna continuava a dispor somente do necessário para viver. Nunca pudera fazer nenhuma das coisas extravagantes com que sonhara, como ir à ópera ou visitar países estrangeiros.

Então, certo dia, ela recebeu um telefonema da filha informando-a da morte de Fred. Ele falecera de ataque cardíaco aos 62 anos. Anna foi gentil e atenciosa com os filhos, mas não sentiu remorsos nem tristeza pela perda de Fred. Semanas depois, quando o testamento estava sendo lido, os filhos de Anna apareceram de repente em sua casa. Traziam uma carta de Fred endereçada a ela. No início, Anna se recusou a olhar a carta, mas, com a insistência dos filhos, acabou por abri-la e leu o seguinte

Querida Anna:

Depois de passar muitos anos rezando para que você me concedesse cinco minutos para lhe dizer que lamento muitíssimo por todo o sofrimento que lhe causei, escrevo-lhe esta carta. Eu era jovem e tolo, e nunca superei a separação de nossa família. Observar o ar assustado nos olhos dos nossos filhos foi na verdade o catalisador da minha compreensão de que errei muito ao violar os nossos votos matrimoniais. Depois de prometer que cuidaria de você até que a morte nos separasse, lastimo a perda dessa oportunidade. Eu lhe teria dado este dinheiro no segundo ano do nosso divórcio, mas você nunca me concedeu um único momento para explicar e eu sabia que você jamais o aceitaria. Julguei que, com a passagem dos anos, seu coração se abrandaria, mas mesmo no casamento de Gregory você desviou os olhos dos meus. Ver você lutar e saber que eu dispunha de algo que poderia tornar as coisas mais fáceis para você, só aumentou a dor que me ia no coração.

Se estiver lendo esta carta, você saberá que sobreviveu a mim e que é tarde para eu lhe dizer pessoalmente que a minha vida foi muito difícil depois de sua partida. Espero que agora você aceite este presente que ansiei por lhe dar. Ele lhe pertence legitimamente. Quando nos casamos, você se lembra de que os seus pais nos deram 10.000 dólares para começarmos a vida. Peguei sem lhe contar este dinheiro e o investi num fundo mútuo. Mesmo durante o divórcio não revelei essa informação. Bem, os recursos chegam hoje a 150.000 dólares, que são todos seus. Agora que me fui, espero que você pegue esse dinheiro e proporcione a si mesma as belas roupas que merece usar. Alimento a esperança de que você faça um luxuoso cruzeiro por todos os lugares que sonhou conhecer, e rezo para que lhe dê a segurança que você desejou que eu lhe tivesse proporciona-

do. A minha foi uma vida solitária cheia de arrependimento. Talvez agora você me perdoe e eu descanse em paz, sabendo que tive finalmente meus cinco minutos com você.

Perdoe-me agora e pegue o que lhe pertence.
Com amor e arrependimento, Fred

A conseqüência da recusa em perdoar é que nos impedimos de receber dádivas inimaginadas. É extremamente difícil sentir o nosso valor pessoal quando estamos abatidos sob o peso dos ressentimentos. Quando nos sentimos indignos da felicidade, recusamos a nós mesmos os milagres cotidianos que estão à disposição de cada um e de todos nós. Em nosso íntimo, a vergonha e o ressentimento são parceiros numa dança difícil. Ninguém imagina que vai se tornar um raivoso e ressentido poço de rancor. Quando nos apegamos aos nossos ressentimentos, uma vergonha desconhecida permeia todo o nosso ser e sabota nossos sentimentos de valor pessoal. Aquilo que fazemos aos outros é a nós mesmos que fazemos. Os ressentimentos que mantemos no íntimo a fim de punir os outros acabam por punir a nós mesmos. Manter uma atitude rígida no tocante aos crimes alheios nos deixa com o coração amargurado e reduz as nossas chances de receber todo o júbilo que a vida tem a oferecer.

ABRIR O CORAÇÃO ÀS DÁDIVAS DA VIDA

Quando cruzamos a porta do perdão, aflora uma nova realidade. Jeremiah Abrams, autor de *Meeting the Shadow* [O Encontro com a Sombra], nos diz: "O primeiro passo para receber todas as dádivas da vida é perdoar todas as pessoas por tudo e incluir a si mesmo nessa anistia. Se não pode perdoar, é porque ainda abriga ressentimentos que o fazem proteger seu coração. Abrigar ressentimentos fecha o nosso coração, o que nos torna incapazes de receber." A fim de receber as dádivas do Universo, temos de nos tornar receptivos a um lugar em que possamos escutar as mensagens e a orientação de nosso eu superior. É nesse momento que nos abrimos para receber todas as dádivas que esperam pacientemente que delas tomemos posse.

É chegado o momento de reivindicar o que lhe pertence por direito. Não permita que os seus ressentimentos o deixem prisioneiro da dor de seu passado. Não entregue a sua vida a alguém que o desapontou e magoou. Não deixe que o seu divórcio o impeça de reivindicar o amor que você merece e a vida que deseja.

"Ninguém tem o direito de estragar o seu dia, e muito menos a sua vida. E adivinhe o que acontece: ninguém faz isso, mas você faz", diz Gary Fenchuk, autor de *Timeless Wisdom* [Sabedoria Intemporal]. Somos responsáveis pela nossa própria felicidade. Ninguém a pode tirar de nós. Renunciamos ao nosso próprio poder, lançamos fora partes de nosso próprio ser e depois ficamos irados porque o nosso parceiro se foi, levando consigo aquilo que nós mesmos lhe demos.

O perdão é o caminho mais curto para Deus. Iniciamos essa jornada fazendo uma relação de tudo que é preciso perdoar e de tudo o que queremos perdoar em nossos parceiros. Para dar um exemplo, eis a relação de coisas a perdoar de Robin:

PERDÔO A MIM MESMA POR...

> Perdôo a mim mesma por não me comunicar de modo responsável.
>
> Perdôo a mim mesma por minha raiva e por maltratar Richard com as minhas emoções.
>
> Perdôo a mim mesma por mentir para Richard, dizendo-lhe que o dinheiro não é importante para mim.
>
> Perdôo a mim mesma por minha insatisfação.
>
> Perdôo a mim mesma por casar com alguém que não tinha uma profissão definida.
>
> Perdôo a mim mesma por casar com um homem inseguro.
>
> Perdôo a mim mesma por não ouvir Richard.
>
> Perdôo a mim mesma por brigar tanto.
>
> Perdôo a mim mesma por não confiar em meu instinto.
>
> Perdôo a mim mesma por ferir fisicamente Richard.
>
> Perdôo a mim mesma por permitir que meus pais influenciem os meus sentimentos com relação ao meu marido.

PERDÔO MEU PARCEIRO POR....

Perdôo Richard por não poder realizar o meu desejo de coisas belas.

Perdôo Richard por não comprar para mim a casa de meus sonhos.

Perdôo Richard por sua arrogância.

Perdôo Richard por não querer amizade com a minha família.

Perdôo Richard por não querer passar mais tempo viajando, indo ao teatro ou olhando vitrinas.

Perdôo Richard por não passar mais tempo com os meus amigos.

Perdôo Richard por ser tão anti-social.

Perdôo Richard por suas opiniões.

Perdôo Richard por ser ruim com os meus amigos e com a minha família.

Perdôo Richard por não ser bem-sucedido.

Perdôo Richard por não me dar segurança financeira.

Robin e Richard fizeram suas listas separadamente, mas, como você vai ver, há muitas semelhanças entre elas. Os dois tinham ressentimentos que refletiam seus problemas comuns. As listas de Richard foram as seguintes:

PERDÔO MINHA PARCEIRA POR...

Perdôo Robin por se irritar comigo.

Perdôo Robin por dançar de modo sexualmente sugestivo em festas.

Perdôo Robin por ter fascínio pelos ricos.

Perdôo Robin por não cuidar de suas posses.

Perdôo Robin por ter sido multada no trânsito, por se envolver em acidentes e ter feito com que o seguro do carro fosse cancelado.

Perdôo Robin por gastar dinheiro à toa.

Perdôo Robin por não seguir os bons conselhos que dou.

Perdôo Robin por sua mania de grandeza.

Perdôo Robin por me fazer ter contato com pessoas chatas.

Perdôo Robin por me chamar de anti-social.

PERDÔO A MIM MESMO POR...

Perdôo a mim mesmo por não gostar dos pais de Robin.

Perdôo a mim mesmo por não querer contato com os amigos de Robin.

Perdôo a mim mesmo por não lhe dar dinheiro.

Perdôo a mim mesmo por não comprar os presentes que Robin pediu.

Perdôo a mim mesmo por me irritar com Robin.

Perdôo a mim mesmo por ficar doente.

Perdôo a mim mesmo por privá-la de sexo e de afeto.

Perdôo a mim mesmo por ser viciado em trabalho.

Tendo feito nossa lista de perdão, para nós mesmos e para o nosso parceiro, estamos prontos a pedir que a graça divina intervenha e dissipe a nossa raiva, a nossa tristeza e os nossos arrependimentos.

Depois de três anos lutando para salvar o casamento, Pauline e Isaac decidiram por fim romper os laços. Pauline suportara anos de sofrimento emocional ao tentar melhorar para manter uma situação sem futuro. Isaac estava sempre com um pé fora de casa, e agora Pauline estava pronta para dar o adeus final. O terapeuta dela e eu trabalhamos juntos para criar um ritual de divórcio que marcasse sua separação. Sugeri que ela escrevesse uma carta a Isaac para dizer o que quer que tivesse deixado inexpresso no coração. Eis a carta de Pauline:

Querido Isaac:

É estranho escrever isto para você, pois eu achava que tinha escrito uma última carta a você há séculos. Eu precisava fazer isso por mim, e espero que o ajude a compreender o que de fato sinto.

Tivemos inúmeros momentos maravilhosos juntos. Neste momento, posso dizer com segurança que o amo e, com a mesma segurança, que não estou apaixonada por você. Você foi meu melhor amigo, e não creio que eu pudesse ter feito esta jornada sem você. Sinto uma terrível falta de você. É em certos dias difícil não ter você para falar. Imagino se você está bem, se está feliz.

Desejo agradecer a você por ter ficado ao meu lado quando ninguém ficou. Você estava presente. Desejo agradecer-lhe por ouvir minhas queixas e reclamações durante anos. Ainda que o assustassem, você não foi embora. Obrigado. Formamos uma excelente equipe. Quando eu estava desanimada, você acreditava em mim. Quando estava desanimado, você permitiu que eu ficasse ao seu lado para apoiá-lo. Que honra! Obrigada. Movi montanhas em meu íntimo, e chegou a hora de agradecer a você e de reconhecer o seu papel de grande motivador nesse sentido. Perdoe-me por favor pelas palavras ditas por mim que o magoaram, por quaisquer ações minhas que o assustaram. Deixo-o livre de toda a culpa que você possa estar sentindo. Você não me feriu. Graças a você, passei a conhecer profundamente a mim mesma. É hora de eu seguir em frente com a minha vida. Nunca vou me esquecer de você.

Com amor,
Pauline

Pauline escreveu a carta sozinha. Ela precisava dizer adeus a fim de criar um ritual de completude. Não lhe foi necessário enviá-la. A liberação de que ela necessitava veio do ato de escrever essas palavras e de permitir a si mesma sentir as mais profundas emoções sem se censurar. Chegara a hora de ela estender o perdão a si mesma. Sugeri que Pauline escrevesse uma carta de perdão a si mesma:

Querida Pauline:

Não consigo me lembrar de ninguém tão rigoroso consigo mesmo quanto você. Você tem criticado a si mesma, se maltratado e feito você mesma se sentir inferior. Você se privou de uma grande felicidade e de relacionamentos incrivelmente amorosos. Afastou-se da família e dos amigos. Seu ódio por si mesma chegou a tal ponto que você desistiu de tudo, tanto em termos financeiros como emocionais, a fim de ter uma migalha de amor.

Se eu soubesse de alguém que tivesse sido tratado com tanto rigor, isso nunca teria continuado. Eu teria livrado essa pessoa de tantos maus-tratos e a teria ajudado a ficar bem longe de você. Se eu tivesse sabido, há muitíssimo tempo a teria feito parar de ser violenta consigo mesma.

Só há pouco tempo vim a compreender que crimes intensos e graves contra você mesma eram esses atos. Lamento muito, Pauline, por não ter percebido isso antes. Como é assustador ter estado tão perto de tudo isso e não ter visto.

Na verdade, não vemos a violência e a destruição quando estão, não na casa vizinha, mas dentro de nosso próprio eu.

Eis você neste momento, mostrando-se aqui em toda a sua glória, desculpando-se consigo mesma. Você não merecia ter sido tão maltratada, tão privada de amor. Merecia ter sido amada, honrada, respeitada e cuidada. Lamento muito ter afastado tudo isso de você. Você merecia melhor sorte.

Agradeço-lhe por se amar o suficiente para lutar por seus direitos, porque você merece tê-los. Você tem razão: Deus é um ser amoroso. Ele não quer que você sofra, quer que você ame, seja amada e sinta amor. Obrigada por finalmente me permitir, depois de uma dura, violenta jornada, ainda poder perceber isso.

Perdoe-me, por favor. Eu amo você.

Pauline

Perdoar o nosso parceiro e a nós mesmos é obrigatório para termos um divórcio consciente. Só por meio da nossa disposição de assumir a responsabilidade por nossos ressentimentos e de admitir que são nossos poderemos alcançar a cura. A prática do perdão é um programa de vida. Temos de fechar os olhos todos os dias e rezar para perdoar todos quantos nos magoaram. Não acontece da noite para o dia, e é preciso realizar primeiro a tarefa interior, antes mesmo de tentar encontrar o perdão.

Você não pode desejar o perdão — ele é parte do processo. Tem de sentir a mágoa de que foi vítima e dissipar a raiva que aflorou para proteger essa ferida. O perdão é um corredor que liga o seu passado ao seu futuro. Se preferir apegar-se à sua raiva e aos seus ressentimentos, você continuará a viver a partir do passado. O que você sempre pode esperar quando leva uma vida que se baseia no passado é uma maior quantidade da mesma coisa. Mas se tiver a audácia de cruzar a porta do perdão, você vai parar num novo cômodo e numa nova realidade. Vai criar uma vida plena de amor, de compaixão e de paixão pela vida. Estará pronto a criar um futuro baseado naquilo que quer, não um futuro criado por coisas que não quer.

PASSOS DA AÇÃO DE CURA

1. Faça uma lista de todos os comportamentos e incidentes pelos quais deseja ser perdoado. Escreva outra lista de todos os comportamentos pelos quais deseja perdoar seu parceiro.

2. Depois de escrever sua lista, diga uma oração em que peça perdão para si e para o seu parceiro. Ponha então a lista num envelope fechado e deixe-a em seu altar, perto de uma vela de sete dias. Acenda a vela todo dia com a intenção de libertar-se de seus ressentimentos ao final do sétimo dia.

3. Relacione todas as pessoas de quem tem queixas e escreva as coisas pelas quais precisa perdoá-las. Peça a Deus que o ajude a conceder uma total e completa anistia a essas pessoas.

A LEI DA
CRIAÇÃO

~ Capítulo Onze ~

COMO RESTAURAR A SUA LUZ DIVINA

São necessários a chuva e a luz do sol para fazer um arco-íris.
ANÔNIMO

A Lei da Criação nos orienta a elaborar um futuro fundado na verdade divina. Em vez de ficar prisioneiros da realidade limitada do nosso mais ínfimo pensamento, podemos agora nos ver na liberdade ilimitada do nosso sonho mais grandioso. Tendo acolhido os nossos atributos mais sombrios, chegou o momento de resgatar o nosso eu iluminado, amoroso, compassivo, criativo. Só quando aceitamos em igual medida nossa luz e nossas trevas temos acesso a todo o nosso eu. E apenas quando temos acesso a todo o ser que somos podemos nos alinhar com o destino de nosso eu superior. Quando dançamos nos braços do propósito de nossa alma, cada um de nós exprime naturalmente as preciosas dádivas que traz em si.

A Lei da Criação nos diz que o perdão rompe todos os liames que nos mantiveram presos ao passado. Quando dei o passo que me levou à liberdade do perdão, a minha vida assumiu uma nova textura. Os dias de minha servidão a um diálogo amargo que tomara conta de minha mente se acabaram. Começou a surgir dentro de mim um novo tipo de liberdade que eu ansiara por experimentar. Nenhuma das minhas circunstâncias exteriores havia mudado, mas tudo se mostrava inteiramente diferente. Um bem-estar permeava cada célula de meu ser. Eu tinha a certeza íntima de que ficaria bem e finalmente poderia dar continuidade à minha vida. Dei-me conta de que as minhas preocupações e dúvidas eram todas resultado das minhas crenças limitadoras. Surgira por fim uma nova verdade: eu estava em segurança no mundo.

Eu agora podia retirar a pesada armadura que havia construído para me proteger de meu pretenso oponente. Como eu deixara de lado essa barreira, a sombria e pesada nuvem que pairara acima de mim se desfez e o que apareceu no lugar dela foi o amor e a valorização do simples fato de ter nascido nesta Terra. Meu cenho constantemente franzido cedeu lugar a um sorriso, e o meu estado de espírito carregado se tornou uma jubilosa valorização da minha condição de filha de Deus.

Nada me poderia ter preparado para a tremenda perda e escuridão por que passei para me curar da minha separação de Dan. Dia após dia, eu questionava as opções que escolhera. Mesmo quando estava perfeitamente claro que eu tomara as decisões corretas, essa certeza desaparecia no momento seguinte, substituída pela dúvida com relação a mim mesma.

Eu me encontrava, no entanto, pisando um novo solo, uma nova terra, olhando ao redor para um mundo que nunca vira antes. Não se tratava do terreno árido e duro que eu conhecera, mas de um rico e úmido solo cheio de ilimitadas possibilidades. Percebi que o propósito de minha longa e dolorosa jornada era cultivar o solo de minha consciência. Eu precisava me livrar das ervas daninhas e de outros parasitas que vinham sugando nutrientes essenciais de minha força vital. E agora que chegara ao final do processo, via-me em solo rico e fértil. A minha consciência se purificara, e eu estava pronta a plantar as sementes de meus desejos e colher as dádivas com que a vida desejava me agraciar.

Vi-me maravilhada diante da percepção de que estava precisamente no lugar em que deveria estar e que cada contrariedade, cada desilusão e cada expectativa que não se realizara me tinham conduzido àquele momento sagrado.

Era algo tanto excitante como assustador porque eu nunca me vira nesse estado antes. Alguma coisa sobremodo fundamental para o meu antigo eu se modificara para que eu tivesse nesse momento a oportunidade de me conhecer outra vez. Eu finalmente me libertara das paredes restritivas de meu casulo emocional. A minha libertação das batalhas interiores e exteriores me lembraram de uma pungente história. Um homem que passa vê de súbito uma lagarta aninhada em seu casulo. Curioso, ele a pega e leva para casa a fim de vê-la emergir como uma formosa borboleta. Dias depois, surge uma pequena abertura, e a borboleta labuta durante horas, mas não parece capaz de fazer o seu corpo ir além de um dado ponto.

Concluindo que algo estava errado, o homem pega uma tesoura e corta a parcela remanescente do casulo. Momentos mais tarde, a borboleta sai com facilidade, com um corpo grande e intumescido. Suas asinhas são pequenas e murchas. O homem senta-se por perto esperando que em algumas horas as asas se abram em sua beleza natural, mas isso não acontece. Em vez de se tornar uma criatura livre para voar, a borboleta passa a vida arrastando um corpo intumescido e asas murchas.

A luta da borboleta para escapar do casulo restritivo e passar pela diminuta abertura é a maneira de Deus transferir fluido de seu corpo para as asas. O corte "misericordioso" do homem foi, na verdade, cruel. Quando sofremos e tentamos avançar em meio à dor, desejamos que surja alguém que nos salve, mas é com efeito essa luta que nos proporciona aquilo de que precisamos para nos tornar as criaturas magníficas que fomos criados para ser. No curso de meu divórcio, evidenciou-se que tudo era como deveria ser e que eu passara por todas as refregas, pequenas e grandes, a fim de chegar a um lugar no qual pudesse abrir as minhas asas divinas e voar.

Não se passou um único dia desde que emergi como a pessoa que me tornei sem que eu deixasse de agradecer a Deus por tudo aquilo que sou e que tenho. Sou desmesuradamente rica porque sou plena do conhecimento inabalável de que há um Deus e de que esse ser que é todo amor e compaixão de fato me ama. Agora tenho por alicerce a verdade segundo a qual todos nascemos com uma marca pessoal que difere da de todas as outras pessoas do Universo inteiro. Cada um de nós, sem uma única exceção, tem um propósito e um lugar especiais nesta terra.

Ninguém pode fazer o que você pode fazer da exata maneira pela qual você pode fazê-lo. As impressões digitais são irrepetíveis porque cada um de nós é um ser peculiar. A alma de cada pessoa traz impresso um mapa individual que a guia até as circunstâncias específicas que vão melhor ajudá-la a manifestar a glória de Deus na terra. Você é uma pessoa importante. Aquilo que você faz, o seu modo de agir e as opções que você faz — tudo isso é relevante. Você é uma parte preciosa da humanidade, bem como uma valiosa peça desta terra. Se soubesse o quanto é especial, você estaria gritando de júbilo na janela!

Uma das professoras de jardim-de-infância de meu filho o explicou com graça. No primeiro dia de aula, a senhora Knight deu a cada criança que entrava na classe uma peça de quebra-cabeça marcada com um número. Quando ela chamava cada criança pelo número, esta lhe levava a peça e ela a colocava no lugar certo. Havia vinte crianças e vinte peças do quebra-cabeça. Quando a professora finalmente chamou o número 20, a figura do quebra-cabeça surgiu quase inteira — o garotinho que entregaria a peça número 19 tinha faltado naquele dia, e a classe precisava dele para ver a plena beleza da figura. Foi dessa maneira que a senhora Knight ilustrou para os alunos como cada um deles era importante para completar o todo.

Fiquei ali sentada, com lágrimas nos olhos, pensando na contribuição vital de cada um de nós para o todo da humanidade. Cada qual contribui com uma peça importante que completa a figura da vida. Quando ficamos presos ao passado, é quase impossível requerer a nossa peça do quebra-cabeça e colocá-la no lugar para o qual foi criada. E quando optamos por aceitar a nossa missão na vida, contribuímos com a nossa peça exclusiva para este surpreendente quebra-cabeça que é a terra.

Como a maioria das pessoas, eu ansiava desde criancinha por fazer algo de bom no mundo. Ainda que eu tivesse esse desejo, havia sempre circunstâncias, razões e desculpas que me impediam de realizar os meus sonhos. O meu divórcio me deu o impulso final para que saísse do casulo de minhas inseguranças. Eu era agora responsável por mim mesma e pelo meu filho pequeno, de modo que, se queria voar, tinha de abrir as asas.

Se alguém tivesse me cortado o casulo para me poupar esse sofrimento, se um outro homem tivesse surgido para me resgatar, se eu tivesse obtido com o divórcio dinheiro suficiente para viver muitos anos em conforto, eu nunca teria saído do casulo de minhas próprias crenças limitadoras. Se tivesse conseguido o pequeno eu que desejava — segurança financeira e emocional —, eu nunca teria recebido o empurrão final nem vivenciado a força de todo o meu potencial. O meu divórcio foi o catalisador que me impeliu a partilhar as minhas dádivas com o mundo.

Assumir o compromisso de partilhar as minhas dádivas com o mundo é a maior realização de minha vida. As recompensas superam os riscos na proporção de 100 por 1. Finalmente, depois de todos os anos de sofrimento e de dor, parece-me certo requerer a minha peça. Parece correto que eu me integre ao grupo e faça aquilo que a minha alma anseia por fazer. Trocar a minha vontade pela vontade de Deus foi o melhor investimento que já fiz. Levei muitos anos resistindo e lutando, gritando e chutando, tudo porque o meu ego desejava desesperadamente estar com a razão e vencer. Mas posso lhe dizer agora, apenas revendo o passado, que a maneira de agir de meu ego era errada desde o início. Por mais que me empenhasse em sair vencedora, perdi a maioria das principais batalhas que travei. Perdi no amor, perdi durante anos a minha luta para me libertar da dependência de drogas, perdi nos negócios e perdi nas amizades. Mas todas as minhas perdas foram necessárias para que eu finalmente pudesse me entregar a um lugar no qual já não me importo de perder. Render-se é uma bênção, e hoje prefiro ser feliz a estar com a razão. Eu prefiro perder muitas pequenas batalhas mas ganhar a guerra. Verificou-se no final que a guerra que eu movia não era contra o mundo, mas no interior de mim mesma. O tratado de paz precisava ser firmado entre o meu ego e a minha alma.

O Universo está sempre nos ensinando e orientando em meio aos desafios da existência. Cada mudança na vida traz consigo mais uma oportunidade de nos alinharmos com a nossa alma, com a parte de nosso ser que se acha ligada a tudo o que existe e que vai um dia existir. Quando nos alinhamos com a nossa alma, nosso coração nos guia para que façamos a cada momento as opções que têm o maior potencial evolutivo para nós.

ALINHAR-SE COM A ALMA

Você pode estar se perguntando: "Como posso distinguir o meu ego de minha alma?" Trata-se com efeito de coisa bem simples. O seu ego sempre sabe, ao passo que a sua alma não precisa saber. Seu ego vive no medo, e sua alma, na confiança. Seu ego resiste quando as coisas não são como ele quer, enquanto a sua alma se entrega, confiando que o rio da vida leva você exatamente para onde é preciso ir. O ego vive no passado e a alma vive no presente, com o saber profundo de que este momento é tudo o que existe. O ego tudo faz para ter razão; a alma sabe que vai ganhar força, conhecimento e sabedoria toda vez que estiver errada. O ego é sério e a alma é tranqüila e jubilosa. O ego culpa e a alma assume total responsabilidade pela criação de toda e qualquer circunstância. Enquanto o seu ego se põe a julgar, a sua alma conforta você em atitude de compaixão.

A maioria das pessoas se deixa apanhar pelo dilema de decidir que caminho seguir. Há uma reconfortante familiaridade em seguir o caminho do ego. Este nos induz a crer que estaremos seguros se permanecermos onde estamos. Mesmo que tenhamos tido problemas por ter escutado a voz de nosso ego, ele é ao menos uma companhia com a qual podemos contar. Mas para entrar no mundo que se acha além do nosso ego, temos de nos entregar ao caminho do Universo. Temos de seguir o mapa universal da nossa vida e confiar que, quando alcançarmos o lugar que foi criado especialmente para nós, obteremos aquilo de que precisamos e teremos assegurada a satisfação que estivemos buscando.

Escrevo este livro hoje porque foi isso que a minha alma me orientou a fazer. Em nenhum lugar do plano do meu ego para a minha vida havia um livro chamado *Divórcio Espiritual*. Mas um dia, quando passava por um período bem difícil, aquietei-me em meditação e perguntei a Deus: "Por que isto está acontecendo? Qual a lição que se espera que eu aprenda com isto? De que modo esta experiência vai me ajudar a ser uma pessoa melhor?" A resposta veio sem que eu fizesse nenhum esforço. Eu sabia que um dia usaria a minha experiência para ajudar as outras pessoas. Foi nesse momento que me dei conta de que o divórcio de meus pais e depois o meu próprio divórcio me tinham proporcionado exatamente as experiências necessárias para cumprir esse compromisso.

Só quatro anos depois de a primeira semente deste livro ter sido plantada na minha consciência escrevi finalmente a primeira página. Qual o motivo da demora? Escrever um livro sobre o divórcio não cabia na imagem que eu tinha do que devia fazer. Mas agora que estou próxima do fim desse processo milagroso de dar à luz um livro, posso lhe dizer com honestidade que nunca me senti melhor nem mais forte. Nunca antes me senti em tanta sintonia com o Universo, e nada alterou tanto a direção de minha vida.

COMO ENTREGAR-SE AO PLANO DE DEUS

O plano de Deus nem sempre tem a aparência que julgamos que deve ter. Na verdade, inúmeras pessoas (senão a maioria) que se estabeleceram no conforto do trabalho de sua alma, se interrogadas, diriam provavelmente que não sabiam para onde estavam se dirigindo até que tivessem chegado. O educador e escritor Joseph Campbell nos diz: "É preciso abandonar a vida que você planejou para levar a vida que está à sua espera."

Para seguir o caminho de nossa alma, temos de nos dispor a renunciar à nossa imagem de nós mesmos e nos entregar ao desconhecido e estranho. Temos de correr o risco de recusar tudo o que sabemos. As crenças de base que nos levaram às nossas atuais circunstâncias permanecerão intactas se não as desmantelarmos. Charles Dubios afirma: "O importante é ser a todo momento capaz de sacrificar aquilo que você é em benefício daquilo que pode vir a ser."

A única maneira de eu poder fazer isso consiste em me afastar do ideal egóico de quem sou. O meu ego se acha apegado àquilo que julgo ser. A minha alma sabe que sou tudo. Ela sabe que sou mais do que o meu corpo, mais do que as minhas experiências ou do que as minhas credenciais; e desde que manifeste o que há de melhor em meu íntimo, vou me rejubilar na glória de uma vida satisfatória e realizada.

ACOLHER A SUA PRÓPRIA LUZ

Para descobrir e acolher a sua mais elevada possibilidade, você tem de acolher a sua própria luz da mesma forma como acolheu as suas próprias trevas. Sua sombra luminosa é o oposto de sua sombra escura, e reivindicar a sua posse representa o próximo passo de sua evolução pessoal.

Enquanto a sua sombra escura é a pessoa que você preferiria não ser, a sua sombra luminosa se acha representada pelas pessoas que constituem uma inspiração para você. Podemos encontrar as nossas qualidades positivas denegadas procurando no exterior de nós aqueles a quem admiramos, a quem amamos e quem gostaríamos de imitar. Quando olha fora de si mesmo, você pode ver a si mesmo na imagem especular dos outros. Ocultamos a nossa luz na mesma proporção de trevas que manifestamos. Escondemos a nossa luz por medo de ser demasiado audaciosos, de sonhar alto demais, ou a partir de uma crença segundo a qual não merecemos exprimir toda a nossa grandeza.

Você deve no entanto se lembrar de que é tudo — não há nada do que você vê fora de seu ser que não seja você mesmo.

Tendo compreendido o significado da integralidade, comecei a estimulante jornada de procurar por mim mesma nos outros. Sempre que era afetada de modo positivo pela presença de alguém, se sentisse uma grande alegria, excitação ou mesmo um aguilhão de inveja, eu identificava as qualidades específicas da outra pessoa que me estavam inspirando. Fiz uma relação de três pessoas que exibiam qualidades que eu queria manifestar. Percebi ser a minha irmã, Arielle, uma pessoa esforçada, inspiradora e concentrada. Amava os escritos de Emmett Fox, que eu julgava sábio, compreensivo e sincero. E quando me sentava na presença de Amachi, um mestre espiritual que alguns crêem ser um santo vivo, eu me sentia comovida por sua compaixão, por seu serviço altruísta e por seus empreendimentos filantrópicos.

Havia diante de mim uma inspiradora lista de qualidades que eram, todas elas, partes não-descobertas de meu próprio ser que esperavam despertar. Eram as qualidades particulares que eu precisava ver. Elas me atraíam os olhos quais reluzentes jóias. Vim a compreender que essas qualidades positivas que eu reconhecia nos outros eram versões aprimoradas das mesmas qualidades que jaziam em forma grosseira em meu íntimo. A concentração de minha irmã era uma jóia magistralmente lapidada. Podia-se ver isso na maneira como ela conduzia a própria vida. A minha concentração era como um diamante bruto que precisava ser extraído e polido. Todas as coisas que eu admirava em outras pessoas eram partes de mim mesma à espera de ser extraídas de meu inconsciente. Todas aquelas pessoas eram espelhos que me mostravam a minha própria imagem, e se eu não tomasse posse deles, esses aspectos essenciais de mim mesma permaneceriam intocados.

A busca de minhas jóias ocultas se tornou uma excitante aventura porque, toda vez que encontrava em alguém algo que amava, eu podia reivindicar mais uma parte de meu próprio ser. Eu sabia que, se optasse por ser audaciosa e acolhesse as qualidades que admirava, estaria para sempre na presença de minha própria magnificência.

As qualidades que eu percebia nos outros me ofereciam uma visão mais clara daquilo de que sou capaz na minha expressão mais elevada. Eu fechava os olhos para inspirar a possibilidade de que todas e cada uma das características que eu adorava nos outros fossem simplesmente uma parte de mim. Se quisesse personificar eu mesma essas qualidades — esforçada, inspiradora, concentrada, sábia, compreensiva, sincera, compassiva, filantrópica e altruísta —, tudo o de que eu iria precisar seriam percepção e um pouco de esforço.

Quando iniciei esse exame de minha vida, eu não julgava ser possuidora de nenhuma dessas qualidades. Mas, por razões que não me ocorriam, eu ansiava por manifestá-las. Mais tarde, vim a saber que as qualidades que estavam sendo desencadeadas em meu íntimo era o segredo da realização de meu potencial. Brilhar diretamente em minha alma, mediante as minhas percepções dos outros, era tudo aquilo que eu sempre desejara ser; e agora que descobria isso, tudo o que tinha a fazer era reivindicá-las como qualidades minhas.

Inspirada, reuni todas as qualidades que ressoavam com a minha visão mais elevada de mim mesma. Comecei a fazer uma relação de ações que eu podia praticar a fim de cultivar e tornar manifestas essas qualidades. Comecei buscando o meu eu compreensivo. Fechei os olhos e perguntei: *De que modo posso ser mais compreensiva com os outros?* O meu primeiro pensamento foi que eu podia começar por respeitar mais o ponto de vista alheio. Registrei por escrito todos os atos que podia pôr em prática para ser coerente com aquilo que concebia como sendo o modo de agir de uma pessoa compreensiva. De igual forma, se quisesse ser mais compassiva, tudo o que tinha a fazer era praticar o me colocar na pele do outro a fim de trazer à luz a compaixão que jazia adormecida dentro de mim.

A idéia de ser filantrópica e ajudar milhares de pessoas menos afortunadas do que eu me animou. Comecei a fazer doações a causas que me comoviam e embora fossem doações de pouca monta, fazê-las me ajudava a tomar posse de meu próprio aspecto filantrópico. De olhos fechados, eu me interrogava: *O que faria se fosse mais concentrada?* A resposta era simples: *Eu teria de parar de viver na negatividade de meu passado e dirigir toda a minha atenção a um plano para o futuro.* Isso era tudo que eu precisava ouvir para começar a reunir apoio ao que viria a ser a elaboração de meu primeiro livro.

Encontrar todos esses aspectos dentro de mim foi bem mais fácil do que eu já imaginara. Foi apenas necessária a vontade de manter viva a visão de meu eu tão extraordinário.

RETOMAR O QUE NOS PERTENCE

Era hora de eu aprofundar a minha busca e de me assegurar de que o meu parceiro não estava saindo do relacionamento comigo levando alguma parcela de meu ser. Assim como projetamos em nosso parceiro aspectos negativos de nós mesmos, assim também projetamos a nossa luz. No caso da maioria de nós, apaixonar-se advém do fato de se ver em outra pessoa a parte desautorizada de nosso próprio ser. Vemos em nosso parceiro a parcela de nós que se acha oculta, e começa então a caçada destinada a capturar aquilo que acreditamos que vai nos tornar íntegros.

Quando conheci Dan, fiquei extasiada com a sua mente brilhante e com a maneira como ele articulava os pensamentos. Vi-me inspirada por sua sede de transformação. E fui tocada pela sensibilidade dele para com o sofrimento alheio. A fim de me reapossar de minha sombra luminosa, eu tinha de me assegurar de que estava acolhendo o meu brilhantismo, a minha sensibilidade e a parte de minha pessoa que busca a transformação. Se me julgasse detentora de um talento ou possuidora de uma qualidade que não tinha, eu estaria diante de um sinal que me dizia que eu não havia acolhido essa qualidade em meu íntimo.

Dei-me imediatamente conta de que projetara meu brilhantismo em Dan porque sempre tivera problemas com relação a ser ou não suficientemente perspicaz. Assim é que, naturalmente, eu me sentira atraída por um homem que freqüentara uma universidade renomada, tinha excelentes credenciais e fora agraciado com muitos prêmios acadêmicos. O que precisava perceber é que eu não tinha o mesmo tipo de brilhantismo de Dan, mas um tipo específico meu. Dan era academicamente brilhante e eu era brilhante em coisas práticas. Trata-se de características altamente valorizadas. A fim de recuperar o brilhantismo que projetara em Dan, eu tinha necessidade de reconhecer e acolher os modos pelos quais exprimia o meu próprio brilho peculiar. Depois de retirar as minhas projeções, pude ver as muitas dádivas oferecidas pelo meu brilhantismo. Cada um de nós exprime as mesmas qualidades de maneiras diferentes. Mas o retorno ao nosso estado autêntico de integridade emocional requer de nós a reivindicação como nossas das qualidades que vemos nos outros.

É necessário tempo para ver o que atrai você em seu parceiro e para resgatar quaisquer aspectos a que renunciou consciente ou inconscientemente. Talvez o seu marido esteja indo embora com o seu sucesso ou o seu valor na vida. Ou a sua esposa com a sua gentileza e a sua compaixão. Você deu ao seu marido os seus próprios atrativos sexuais e teme agora não ter acesso a eles se ele se for? Sua mulher está indo embora com a parcela de seu ser que é poderosa e forte? Você deu essas partes de si a outrem e agora precisa retomá-las. Quando cedeu a sua sombra luminosa e o seu parceiro tem consigo partes de seu ser, é impossível para você deixar que ele ou ela se vá por completo.

Somente quando temos condições de abraçar os nossos lados luminoso e sombrio — todos os nossos atributos positivos e todos os nossos atributos negativos — podemos de fato ter a experiência do sentimento de integridade emocional. Enquanto não houver um equilíbrio entre esses lados de nosso ser, continuaremos aprisionados no mundo da separatividade, presos ao ruidoso diálogo interior que diz: *Não sou isso!*

Acolher as características positivas de nosso próprio ser é uma disciplina diária que exige dedicação e confiança. O caminho para a integralidade nos conclama a tomar posse de todas as qualidades do planeta e acolhê-las em nós. Chegou a hora de você incorporar a sua própria magnificência.

PASSOS DA AÇÃO DE CURA

1. Faça uma relação de três pessoas a quem você admira e identifique as qualidades de cada uma delas que você deseja imitar. Feche os olhos e identifique em que área ou momento você exibiu essa qualidade. Que comportamentos e ações trazem essas qualidades de maneira mais plena à sua vida?

2. Identifique as qualidades de seu parceiro que o atraíram inicialmente nele. Pense sobre o atributo pelo qual se apaixonou ou por que ainda anseia. Mesmo que você esteja com raiva dele, é importante descobrir as qualidades de seu parceiro que você ama e admira.

~ Capítulo Doze ~

UMA VIDA EXTRAORDINÁRIA

E chegou o momento no qual o risco de permanecer em botão se tornou mais doloroso do que o risco necessário para desabrochar.

ANAÏS NIN

A Lei da Criação nos convida a vivenciar um coração inocente pleno de amor e de excitação pela vida. Costuma-se dizer que precisamos "abrir o coração", mas na verdade o nosso coração está sempre aberto. Simplesmente não temos acesso a ele porque o mantemos demasiado guardado.

Eis o momento de desistir da armadura, das defesas e das desculpas e abrir-se à sabedoria do coração. As pessoas podem lhe dizer que lute, que se proteja, mas lutar vai apenas deixá-lo preso a um mundo pequeno. Para criar um futuro fundado na verdade divina, é preciso que você saia do mundo no qual tem vivido. Sem a sua armadura, você está livre para entrar em territórios novos e inexplorados nos quais é agraciado com o acesso ilimitado à sua natureza divina. Eis um momento vital: você vai escolher que tipo de pessoa deseja ser. Quer levar uma vida corriqueira ou deseja abarcar novos horizontes e criar uma vida extraordinária?

Alguns meses depois do fim de meu divórcio, acordei certa manhã me perguntando o que era necessário à criação de uma vida extraordinária, uma vida que tivesse por fonte a minha luz divina. Temia que, depois de seguir por quarenta anos uma dada direção, eu não dispusesse do necessário para mudar o meu caminho e criar a vida de meus sonhos. Eu fiquei perguntando a mim mesma: *Como posso criar uma vida que não seja apenas mais da mesma coisa?* Sabia que não era possível voltar à maneira como as coisas tinham sido, ao meu modo anterior de ser, mas não tinha certeza de como romper a casca do passado. Então, como se fosse um anjo, minha amiga Danielle chegou e me contou uma bela história infantil sobre um caranguejo fora do comum que viria a ser a inspiração para a minha nova direção.

Apegadinho [*Grasper*], cuja história foi escrita e ilustrada por Paul Owen Lewis, vive perto das pedras com vários outros caranguejos. Eles passam o dia procurando migalhas de alimentos perto de casa. Um dia, ocorre com Apegadinho algo peculiar. Ele começa a se sentir estranho, como se não mais coubesse em seu próprio corpo. De súbito, tudo lhe parece diferente. E Apegadinho percebe que sua casca se rompera: em vez de estar nele, está no chão ao seu lado. Apegadinho fica chocado ao ver diante de si uma perfeita silhueta de seu corpo de caranguejo — braços, pernas, olhos, tudo.

Não demora para que os outros membros da fechada comunidade de caranguejos de Apegadinho se reúnam em círculo ao seu redor. Explicam-lhe que a sua casca simplesmente se dissolvera, advertindo-o das coisas estranhas passíveis de suceder caso ele não tome cuidado. Contam a Apegadinho que o período de tempo que precede o enrijecimento de sua nova casca é bem arriscado, acautelando-o de dar ouvidos às vozes que logo lhe estariam enchendo a cabeça. A comunidade diz que ele pode querer explorar lugares que nunca vira antes, bem como até se sentir inclinado a examinar o que se acha além das pedras nas quais eles vivem.

Apegadinho ouve o que seus atemorizados companheiros lhe dizem, mas em vez de seguir os seus conselhos, começa a se entregar ao ímpeto de explorar o mundo que está além daquele que conhece. Confiando em seus sentimentos, Apegadinho sai de trás das pedras em que passara em segurança toda a vida e se aventura por territórios novos e desconhecidos. Enquanto ele assim age, os seus companheiros exclamam: "Pare, Apegadinho! Aí fora não é seguro!"

Quando chega ao topo, Apegadinho não pode crer no que vê: tudo é colorido e brilhante. Há grandes peixes formosos e muita comida para comer. Trata-se de uma paisagem dotada de uma magia que em nada se assemelha ao que ele já vira, o que o deixa cheio de excitação. Então, saindo de trás de uma pedra, Apegadinho vê diante de si um caranguejo gigante. É o maior caranguejo que Apegadinho já vira. Quando pergunta ao companheiro de que maneira ficara tão grande, este lhe explica que o mesmo vai acontecer com ele se continuar a crescer e a trocar de casca. Mas Apegadinho não pode acreditar nessa explicação porque todos os caranguejos que conhece são tão pequenos quanto ele. O caranguejo gigante explica que um caranguejo só alcança o tamanho do mundo no qual vive e do coração que traz dentro de si. Ele diz: "Você tem de ter um grande coração para viver num mundo grande."

Apegadinho fica perplexo. Tinham-lhe ensinado que, para viver seguro no mundo, tem-se de ter uma casca e um coração duros. Mas vê agora que, se deseja realizar seu pleno potencial e se tornar um caranguejo gigante, terá de expandir os seus horizontes. Ele vai ter de deixar o seu coração se suavizar, porque um coração duro não pode crescer.

Apegadinho vê-se agora diante da mais importante decisão de sua vida: seu passado lhe diz que é mais seguro endurecer o coração e voltar ao seu pequeno lar conhecido nas pedras, mas o processo de troca de casca e de suavização o mudaram. Ele não deseja apenas sobreviver, ansiando em vez disso por se libertar do pequeno mundo em que vivera até então e nadar rumo ao vasto oceano a fim de ver o que este reserva.

Tal como Apegadinho, quando estamos trocando de casca, questionamos quem somos, o lugar ao qual pertencemos e aquilo de que de fato somos capazes. Perdemos na verdade a nossa pele durante períodos de intenso sofrimento emocional. Vemos literalmente se dissolver a nossa identidade anterior. Porém somente com essa profunda vulnerabilidade obtemos clareza e liberdade para transcender a casca previsível de nosso passado e tomar novas decisões acerca de como pretendemos levar a nossa vida. A escolha é nossa. Podemos optar por continuar vivendo num mundo pequeno feito de culpa, de vitimização, de emoções tóxicas e de separatividade, ou preferir entrar num novo mundo pleno de aceitação, de responsabilidade, de conexidade e de paz de espírito. Para viver neste mundo novo, temos de renunciar a toda a couraça que protege o nosso suave coração.

É assustador desapegar-se e correr riscos. Mas ainda que tente e fracasse, ao menos você estará vivendo de modo pleno. Se você se mantiver preso à dor de um relacionamento que chegou ao fim, uma parte de seu ser vai morrer. Lentamente, toda a seiva interior que possibilita a sua vitalidade e o seu entusiasmo pela vida vai secar.

A dor é o toque de despertar que lhe mostra que existem oceanos que você ainda não explorou. Transcenda o mundo conhecido. Busque ápices que nunca considerou possíveis. Vá a lugares que julgava fora de seus limites. Este é o momento de tirar a casca do passado e acolher as ricas possibilidades de seu futuro. Se deseja fazer algo de grandioso na vida — seja apaixonar-se loucamente, ser professor, ser um excelente genitor —, se aspira a realizar algo que vá além daquilo que você faz agora, este é o momento de começar. Confie em si mesmo. Observe as pessoas do mundo a quem você inveja e pergunte: *O que elas têm que desejo? O que fazem que quero fazer?*

Quando eu passava pelo divórcio, inspiravam-me pessoas que meditavam e tinham uma rica vida espiritual. E por essa razão percebi que era isso o que eu precisava fazer. Quando observava mulheres que praticavam yoga, eu admirava a suavidade e flexibilidade de seu corpo — e por isso comecei a fazer yoga. Anos antes, ao descobrir que admirava muitos autores, comecei a fazer cursos de redação. Eu não sabia para onde essas escolhas iriam me levar, mas sabia de uma coisa: se continuasse a fazer as mesmas opções de antes, eu terminaria bem no ponto em que estava. Um provérbio chinês o diz bem: "Se não mudarmos de direção, é provável que terminemos no lugar para o qual nos dirigimos." Se quer chegar a um novo destino, comece por agir de outra maneira.

MUDAR A DIREÇÃO DE SUA VIDA

Correr riscos assusta, mas não tanto como permanecer imutável por vinte anos. Quantas pessoas você conhece que ainda estão fazendo a mesma coisa, com as mesmas pessoas, dia após dia, e falando de "um dia" no qual vão descobrir um pote de ouro? As pessoas comuns esperam que esse pote de ouro apareça, ao passo que as pessoas extraordinárias vão extrair o ouro do veio. As pessoas extraordinárias se julgam responsáveis por suas opções, por suas ações e pela direção que seguem. Elas não esperam "um dia" — porque esse dia é hoje!

Faço palestras por todos os Estados Unidos, e nos últimos quatro anos tenho ouvido milhares de histórias tenebrosas de maus-tratos emocionais e físicos, bem como de traição e de raiva. Meu coração sofre com todas e com cada uma das pessoas que passam por isso. Mas sei sem nenhuma dúvida que, sem exceção, se se puder usar esse sofrimento, se se optar por tirar o máximo dele, vai-se receber dádivas tão profundas quanto as próprias mágoas. Conheço a dor da perda, da confusão, da solidão e do coração partido. E também sei que, se não usar essa dor para se curar, você a vai usar para se destruir. A dor é o lembrete de que você se apartou de sua natureza divina.

Diz-se que a diferença entre uma vida corriqueira e uma vida extraordinária é apenas a intenção, o compromisso que se firma consigo mesmo e com o Universo. Uma pessoa extraordinária é apenas uma pessoa comum fazendo coisas fora do comum.

Diante do portal que conduzia à vida que desejava, eu me vi com essa escolha nas mãos. Eu tinha me comprometido a usar o meu divórcio como um catalisador da mudança, e não poderia haver uma mudança mais monumental do que transformar essa situação ruim numa bênção disfarçada. Eu sabia que, para alcançar as alturas a que aspirava, cumpria reexaminar todo o meu comportamento e todas as minhas ações. Comecei a me ocupar das seguintes questões: *O que faria se fosse extraordinária? De que modo viveria? Como falaria? De que forma poderia ter com o meu ex-marido uma vida extraordinária?* Era evidente que a escolha era minha. Eu queria saber como pensavam as pessoas extraordinárias e que compromissos guiavam suas opções e seus atos. E desejava saber como eu, Debbie Ford, uma mulher comum, poderia levar uma vida extraordinária.

SE VOCÊ FOSSE UM ANJO

Como queria a vida, o Universo me deu imediatamente uma oportunidade de testar o meu compromisso e o meu desejo. Num dia em que eu estava tendo dificuldades para me acertar com Dan, minha irmã Arielle foi me visitar. Dan quisera alterar os horários para ficar com Beau. Sem nenhum motivo aparente, seu esforço de mudar os horários desencadeou em mim uma reação emocional que me mostrou que eu ainda tinha ressentimentos de outras alterações de horários feitas por ele.

Vendo-me prestes a explodir, Arielle me pediu que fechasse os olhos e respirasse fundo. Disse-me que tinha uma importante pergunta a fazer. Depois de eu me acalmar um pouco, ela me perguntou: "Debbie, o que você faria nesta situação se fosse um anjo?" Meu primeiro pensamento foi *Mas não sou um anjo!* Eu sabia que Arielle estava querendo me fazer ver a situação de outra perspectiva, e decidi permitir que ela desse um golpe certeiro.

Assim, fiz de conta que era um belo anjo voejando pela sala. Tão logo me entreguei a essa imagem, senti que, se fosse um anjo, eu teria cedido graciosamente à solicitação de Dan. Eu por certo não me permitiria ficar irritada por causa de uma mudança de horário. Se fosse um anjo, eu não arrastaria os meus ressentimentos para o presente e por certo não iria permitir que qualquer ser exterior a mim me tirasse a paz de espírito. Foi-me necessário, literalmente, apenas um minuto para perceber que havia outras opções e escolhas. Todas elas tinham validade, o que me levou a perguntar a mim mesma: *Que opção vai me trazer a paz? Que perspectiva vai melhorar o meu relacionamento com Dan? Qual delas vai me transformar no tipo de mulher que desejo ser?*

Era evidente que, se quisesse ter com Dan um relacionamento fora do comum, eu teria de fazer uma série de opções extraordinárias. E aquele era o momento de fazer uma nova opção. Ver a minha vida pelos olhos de um anjo, uma versão mais evoluída de mim mesma, me fez ficar com um estado de espírito mais receptivo no qual eu podia fazer as minhas escolhas a partir de um plano mais elevado. A decisão certa nunca constituiu uma dúvida uma vez que considerei a situação desse terreno mais elevado. Eu podia optar com base na minha parte ruidosa, descontente, que sempre estava com a razão, ou na minha parte amorosa, satisfeita e pacífica. A escolha cabia claramente a mim. "Adotando a perspectiva angélica em lugar da sua, você se torna um anjo da Terra", escreve a doutora Doreen Virtue, autora de *Divine Guidance* [Orientação Divina]. "Manter um ponto de vista elevado põe em ação uma cura miraculosa de todos os seus relacionamentos. O conflito se desfaz, revelando a límpida e nova verdade acerca de todos e de tudo."

Ver a minha vida através de olhos angélicos adicionou outra parte faltante de meu processo de cura. A partir daquele dia, comprometi-me a reservar tempo para examinar as minhas opções e as minhas ações com os olhos de um anjo. Depois de o meu ego ter finalmente se rendido ao fato de que eu não iria deixá-lo optar por mim, meu conflito interior aquietou-se.

E agora desejo narrar a parte mais extraordinária de todo esse processo. Depois de meses fazendo escolhas a partir dessa posição mais elevada, comecei a perceber que Dan estava me tratando de outra maneira. Quase tive a impressão de que ele me tratava como se eu fosse um anjo.

FAZER UM VOTO

Se você está lendo este livro, suponho que você tenha negado ou esteja para negar os seus votos matrimoniais. Este é o momento perfeito para criar novos votos para o seu divórcio. Um voto de divórcio é uma declaração que descreve o seu compromisso com o seu relacionamento. Essa declaração deve ser feita com ponderação e cautela, assim como deve alimentar o seu compromisso com um Divórcio Espiritual. Tal como uma declaração de missão, esse voto é um ponto de referência para as suas ações e os seus compromissos. Um voto de divórcio serve como uma plataforma que o lance em sua nova realidade.

Quando perdoei Dan, eu quis criar um lembrete para mim de minhas elevadas intenções com respeito à continuidade de nosso relacionamento. Sempre que me sinto incomodada, irritada ou paralisada, posso ler o que escrevi e voltar à realidade do perdão. Se estou de mau humor e Dan me pede um favor como pegar Beau ou mudar de fim de semana na última hora, em vez de me deixar levar por atitudes que poderiam não me ser úteis, posso me recordar de meu compromisso trazendo à consciência o meu voto de divórcio. Então me volta à lembrança o modo como desejo agir em meu relacionamento com Dan. Meu voto de divórcio acende em meu coração uma luz e assim consigo me lembrar de quem sou em minha mais elevada expressão, mesmo em momentos nos quais o meu ânimo está abaixo de zero.

Eis o voto de divórcio que uso hoje:

Eu, Debbie, aceito você, Dan, como meu parceiro de criação de um filho saudável e amoroso. Prometo apoiá-lo para que tenha com o nosso filho um relacionamento estimulante e gratificante. Comprometo-me a ser fle-

xível no tocante à minha agenda e transparente no que se refere a meus sentimentos, assim como com a criação, em conjunto com Dan, de um ritmo natural e amoroso no sentido de unir as nossas duas famílias com um só coração.

Criei o meu voto de divórcio fechando os olhos, entrando em contato com o meu coração e perguntando a mim mesma: *Qual seria a mais elevada expressão de um relacionamento extraordinário com Dan?* O voto de divórcio surgiu e se tornou minha força orientadora. Agora, sempre que há problemas ou contrariedades, vejo se a minha ação ou reação é coerente com o meu compromisso de honrar o voto de divórcio. Se não for, examino o que preciso fazer para mudar de comportamento. Sei que não posso perder se me mantiver fiel aos meus mais elevados compromissos com Dan, com Beau e comigo.

Temos de examinar continuamente as nossas ações a fim de compatibilizá-las com os nossos principais compromissos. Precisamos ser honestos com respeito ao que é ou não importante. É comum que fiquemos totalmente voltados para as grandes coisas: a grande mudança de carreira, o novo carro ou o próximo relacionamento. Mas um verdadeiro sentido de valor pessoal advém das pequenas coisas que fazemos — preferir dizer "sim" ao invés de "não", ceder em vez de brigar. Nada pode nos fazer sentir melhor do que poder dizer aos nossos filhos que temos orgulho das opções que fizemos, do que ter a autoestima que nos permita olhar para todos de frente e do que se sentir orgulhoso de si o bastante para dar um tapinha nas nossas próprias costas para nos parabenizar pelas nossas façanhas cotidianas.

É este o momento em que temos de desenvolver um relacionamento íntimo e próximo com o nosso próprio ser, reservar tempo para escutar as vozes interiores e agir de maneiras que tornem manifesto o que há de melhor em nós. Nada tem maior beleza do que a pessoa que aceita seu ser inteiro. Uma pessoa que se sente completa e íntegra irradia confiança e exsuda força interior.

Este é o momento no qual você tem de se mover com vagar, alimentando-se a si próprio cuidadosamente por meio de cada decisão, examinando cada uma de suas ações e sabendo que as escolhas que faz hoje moldam a sua vida futura. É a hora em que você tem de permitir a si mesmo recordar-se de seus sonhos e tomar a decisão de criar a melhor vida que é capaz de imaginar. É o tempo sagrado no qual você pode assentar um firme alicerce que o sustenha e apóie enquanto você evolui para ser a pessoa que deseja ser. O divórcio é uma época de transformação, e você pode optar por fazer dele o combustível da criação de uma vida extraordinária.

No momento em que tiver a vida com a qual sonhou, você vai agradecer a Deus pela sua experiência do divórcio, por mais difíceis que tenham sido as circunstâncias. Você vai honrar naturalmente seu ex-parceiro e apoiar as pessoas próximas na aceitação de seu divórcio. Vai optar por manter o coração brando em momentos em que o teria endurecido. Deixar-se levar pela suavidade de seu coração significa parar, renunciar às suas expectativas e observar e viver o momento presente. Quando estamos aquietados o suficiente, restauramos a nossa ligação com o conhecimento interior de que a vida segue o curso que deve seguir. Podemos então aspirar o odor de um novo começo e nos tornar receptivos às mágicas dádivas que a vida traz.

O desejo de nossa alma é exprimir-se completa e irreprimidamente. Tudo o que temos a fazer é ficar fora dos limites estreitos de nosso intelecto e nos fundir com a presença acolhedora e amorosa de nosso coração compassivo. Henry David Thoreau disse: "Você tem de viver no presente e lançar-se a cada onda que passa. Descubra a sua eternidade em cada momento." Se optarmos pelo desapego e pela fruição do curso de nossa mais elevada expressão, seremos abençoados com o privilégio de nos ver frente a frente com a nossa própria magnificência.

A maior lição que a vida nos dá encontra eco nas palavras de Albert Einstein: "Só há duas maneiras de viver a vida: uma é viver como se nada fosse um milagre; a outra é viver como se tudo fosse um milagre." Apóio você na escolha do milagre.

PASSOS DA AÇÃO DE CURA

1. Crie um voto de divórcio que o inspire a agir de modo coerente com o tipo de pessoa que você deseja ser. Mostre o seu voto de divórcio a duas pessoas e obtenha o apoio de seus amigos e de sua família para manter você fiel a essa visão mais elevada.

2. O exercício a seguir é um lembrete visual do futuro que você deseja tornar realidade. Reserve alguns minutos para meditar antes de começar a fazê-lo. Olhe todas as suas revistas favoritas. Reúna figuras

que o inspirem. Selecione entre dez e vinte imagens que representem coisas que você adora, lugares aos quais gostaria de ir ou atividades que gostaria de fazer. Descubra imagens e palavras que o estimulem. Tente não pensar demais ao escolher; deixe que o inconsciente o guie. Pegue então uma folha de cartolina ou de papelão e faça uma colagem que evoque em você a imagem de um futuro excitante. Pendure-a num lugar em que possa vê-la todos os dias.

3. Faça uma relação de seus comportamentos e práticas cotidianos. Faça então outra lista com os comportamentos e as práticas que você julgue ser os de uma pessoa extraordinária. Compare as duas relações e decida que ajustes está disposto a fazer.

4. Corra dois riscos por semana nas próximas quatro semanas. Pratique yoga, procure um grupo de apoio, promova uma mudança de imagem, compre roupas novas ou faça uma excursão a um lugar agreste. Corra riscos que aumentem a sua auto-estima, e depois escreva no diário sobre como se sentiu depois de cuidar de si mesmo.

AGRADECIMENTOS

À talentosa e maravilhosa Liz Perle, minha redatora-em-chefe, por sempre pedir mais e exigir o melhor de mim mesma. Obrigada por partilhar toda a sua sabedoria e por ter contribuído tanto para este projeto. Eu honro você.

À minha brilhante e talentosa irmã, Arielle Ford, cujos sonhos para mim sempre superaram os meus. Obrigada por estar ao meu lado todos os dias, orientando-me para que eu extraísse o melhor de mim. Não tenho palavras para exprimir a profundidade de meu amor por você. Beijões.

Ao meu querido cunhado, Brian Hilliard, por ser "meu pessoal". Obrigada por me auxiliar e por cuidar tão bem de minha irmã.

À minha querida amiga Danielle Dorman. Seus olhos sábios têm sido para mim um incrível guia. Obrigada por todo o amor, todo o carinho e todo o apoio que você me tem dado. A sua contribuição para este livro foi uma dádiva preciosa. Eu a amo.

À pessoa que mais se dedica a me dar apoio, Rachel Levy. Obrigada pelas suas maneiras de contribuir para a minha vida e para o meu trabalho. Você é uma gema brilhante e a sua presença faz uma enorme diferença.

À minha amada mãe, Sheila Fuerst. Obrigada por se mudar para perto de nós e por ser a melhor mãe e a melhor avó do mundo.

Ao meu segundo pai, Howard Fuerst. A sua disciplina e o seu compromisso com a integridade me inspiram todos os dias. Obrigada pela imensa contribuição que dá à minha vida.

Ao meu precioso pai, no céu, Harvey Ford. Sinto a sua presença toda vez que escrevo, e sei que você está aí em cima limpando o terreno para mim. Sinto sua falta.

Ao meu ex-marido, Dan. Obrigada por optar sempre pelo que é melhor para Beau e por me apoiar continuamente em minha carreira. Você é um ser humano extraordinário a quem respeito profundamente.

Ao meu doce anjo da Terra Alisha Schwartz. Não há palavras capazes de exprimir a gratidão que sinto pelo amor e pelo cuidado que você me proporciona. Você é uma estrela reluzente na minha vida e eu a amo.

A Sid Ayers por estar à minha disposição todo santo dia e por se encarregar de todos os muitos detalhes de minha vida. Você é uma mulher especial, e a sua contribuição faz toda a diferença.

AGRADECIMENTOS

Ao meu irmão Michael Ford (Mikie) por sua presença constante e por ler repetidas vezes minhas palavras não-editadas. Obrigada por partilhar generosamente a sua sabedoria.

A Geeta Singh e à Talent Exchange. Obrigada por cuidar tanto de mim e me ajudar a captar as mensagens que transmito ao mundo. Você é uma verdadeira santa.

Ao doutor David Simon por ser um mestre extraordinário, um grande amigo e uma eterna inspiração para mim.

A Deepak Chopra por ser um catalisador de minha transformação e por me proporcionar tantas oportunidades de crescimento como instrutora e agente de cura.

A Neale Donald Walsh. Tenho em alta conta o seu apoio e a sua amizade. Obrigada por me orientar, por suas sugestões e por exigir que eu escrevesse este livro de uma vez. Amo você.

A Katherine Kellmeyer, Laura Clark e The Ford Group — vocês são os meus anjos das Relações Públicas. Vocês não podem imaginar o quanto me agrada o trabalho que fazem para mim.

Ao meu querido amigo Stephen Samuels, por me conduzir à direção certa. Obrigada por ter a coragem de dar as suas opiniões. Você é muito especial para mim.

A Henrietta Rosenberg, por promover o meu bem-estar físico, emocional e espiritual enquanto eu escrevia o livro. Você é uma incrível agente de cura e é imensa a sua contribuição à minha vida.

A Cheryl Richardson por me apoiar no nascimento de *Divórcio Espiritual*. Obrigada por sua amizade e orientação especializada. Eu a amo.

A Marianne Williamson por ser uma defensora de *Divórcio Espiritual* e por partilhar comigo toda a sua sabedoria.

Ao meu amigo Dennis Schmucker, por ser a primeira pessoa a sustentar a visão deste livro. Obrigada por ser um aliado e confidente durante o meu divórcio.

A John McShane, meu parceiro e companheiro de busca de transformação da experiência do divórcio na nossa sociedade. Você é um exemplo para a nossa época, e me comove o amor que você tem pelas pessoas que sofrem o trauma do divórcio.

Ao insubstituível e sempre confiável Cliff Edwards. Obrigada por assegurar que o meu livro não se perdesse no ciberespaço. Você é um excelente orientador e um amigo querido.

Ao meu querido amigo Justin Hilton. Seu amor por mim tem sido uma verdadeira dádiva. Obrigada por todo o apoio que me dá.

Ao adorável pessoal do Chopra Center for Well Being e especialmente a Nan Johnson. A sua visão e a sua dedicação a todos nós membros desta magnífica família são a base do trabalho que fazemos no mundo.

Ao meu irmão Sarano Kelly e ao Center for Excellence. Reservemos um momento para cair em imobilidade... Muito bem! Você e o programa de treinamento tocaram a minha vida.

A John Austin, Brent Becvar, Rama Berch, Béa (Bigman) Luba Bozanich, Rita Curtis, Sherri Davis, Jill Lawrence, Sarah McClean, Natalie Snyder, Jeremiah Sullivan e todos os membros da minha família. Obrigada pela sabedoria que partilharam, pelas lições que me deram e pelo amor que me concederam. Saibam que fizeram uma grande diferença na minha vida.

Ao doutor Herb Goldberg por toda a sua profunda sabedoria e perspicácia.

A Jeremiah Abrams por sempre estar do outro lado da linha comigo. Obrigada por cuidar do trabalho que faço e por partilhar comigo a sua sabedoria.

A Tim Donner e ao fantasticamente talentoso pessoal de Sites of Mind por sua criatividade, por sua visão e por sua dedicação para tornar http://www.spiritualdivorce.com o *site* mais inovador e curativo do planeta. Que maravilha de trabalho!

A David Hennessy, Rebecca Fox, Lisa Zuniga e à equipe fantasticamente atenciosa da HarperCollins, que trabalharam com tanto empenho neste livro. Muitíssimo obrigada!

A Lizzie Shaw, Debbie Myers e a todo o pessoal de www.mypotential.com por seu compromisso e apoio na promoção da cura no planeta.

A todas as pessoas que partilharam as suas histórias. Obrigada por se empenharem tanto em transformar a sua própria realidade, por fazer corajosamente de seu sofrimento sabedoria e de sua tristeza alegria. Eu admiro vocês.

A todas as pessoas cujo nome não mencionei. Vocês estão em meu coração e eu as amo.

E um agradecimento especial a Vovó Ada, que sempre me disse: "Você vai conseguir!"

Ao Espírito que me percorre o ser, que me guia e me protege e que me dá graciosamente todo o apoio e todo o conhecimento de que preciso. Dedico-me totalmente a você.